ＧＨＱは日本人の戦争観を変えたか

「ウォー・ギルト」をめぐる攻防

目　次

2　「ウォー・ギルト」を理解させねばならない

3　幻の第三段階

・連合国最高司令官総司令部は、ＧＨＱ／ＳＣＡＰとの略語が用いられることが多いが、本書では一般的な通称であるＧＨＱとの略語を用いた。
・旧仮名づかい、および旧字に関しては、読みやすさを優先し、一部現代仮名づかい、および当用漢字に改めた。
・『読売新聞』は占領開始当初は『読売報知新聞』との名称で発行されており、１９４６年に入ってから『読売新聞』となったが、本書では混乱を避けるため、すべて『読売新聞』で統一した。
・日本放送協会の通称がＮＨＫとされたのは、１９４６年に入ってからであるが、同様に混乱を避けるため、すべてＮＨＫと表記した。

まえがき

出発点は江藤淳

「ウォー・ギルト」、本書のテーマであるこの言葉はいったい何を意味するのだろうか。「ウォー・ギルト」の「ウォー（War）」は戦争を意味し、「ギルト（Guilt）」は、罪そのものやそれに対する責任、罪の意識、さらには罪を犯したこと、などを意味している。つまり、戦争の罪に関する概念であろうことは想像がつく。だが、これを適当な日本語一語に置き換えようとするとなかなか難しい。

第二次世界大戦後の連合国による日本占領期、この「ウォー・ギルト」を日本人に理解させるために、GHQ民間情報教育局（Civil Information and Education Section 以下CIE）は「ウォー・ギルト・プログラム」を実施した。日本占領の目的は、日本を二度と米国の安全を脅《おびや》かさない民主主義国家に作り替えることであり、そのためには政治制度改革だけでなく、国民の意識改革も必要であると考えられていた。具体的には、軍国主義思想の排除と民主主義思想の啓蒙である。この実現のために、ＣＩＥはメディアを使って様々なテーマで情報発信を行い、そのテーマの一つに「ウォー・ギルト」があった。

この政策を初めて世に知らしめたのは、文芸評論家の江藤淳《えとうじゅん》である。江藤はこれを「日本人に戦争の罪悪感を植え付けるための政策」と位置づけ、具体的な施策として、１９４５年12月に全国紙に連載された「太平洋戦争史」や、そのラジオ版である『真相はこうだ』を挙げた。これらで示された歴史観は、それまで日本政府が喧伝《けんでん》していたアジア解放のための聖戦という「大東亜戦争史観」ではなく、先の戦争が日本の侵略戦争であるとする、新たな戦争観であった。

ＧＨＱは検閲という手段で言語空間を閉ざしたうえでこうした情報発信を行い、さらには東京裁判によって連合国の正義を押し付けた。これにより戦後日本の歴史記述のパラダイム転換が起こり、そのパラダイムを戦後も固く守り続けたために、日本人は間接的に洗脳された。これが江藤の主張である。[1]

これまで埋もれていた占領期の情報政策の一つを世に問うた意義は大きく、江藤の功績の一つに挙げられるだろう。しかしながら江藤は、検閲の研究を行うため米国に滞在していた時に偶然入手した、ある一種類の文書を根拠にしてこの政策を結論付けた。そのため、この政策の全体像の解明にまでは至らなかった。

その後も、この政策に対する検証はほとんど行われてこなかったが、江藤の唱えた洗脳言説だけは保守論壇で支持され続けた。実態が明らかになっていないにもかかわらず、なぜこうした言説だけが独り歩きしているのか、「ウォー・ギルト」とはいったい何か。こうした素朴な疑問が筆者の研究の出発点にあった。

保守論壇における洗脳言説の広がり

江藤が主張した歴史記述のパラダイム転換とは、言うまでもなく、「アジア解放のための自衛戦争」から「侵略戦争」への転換を意味している。東京裁判で示されたこの戦争観は、「東京裁判史観」と呼ばれ、保守論壇でしばしば標的にされてきた。ところが近年、「自虐史観」なる言葉が勢いを増し、「東京裁判史観」はこの言葉にとってかわられるようになった。「自虐史観」とは、日本人自らが戦前の日本を過度に悪とみなす歴史観を指す造語である。

いったいこの言葉はいつ頃から広く使われるようになったのであろうか。国立国会図書館のキーワード検索で「自虐史観」を調べてみると、1996年を境にその数が急増していることがわかる。

　1996年といえば、「新しい歴史教科書をつくる会」の結成が発表された年である（発足は1997年）。「つくる会」は、これまでの歴史教科書があまりにも「自虐的」であるとし、日本人としての誇りを持てるような教科書を制作する目的で結成された。特に90年代に入り外交問題となっていた慰安婦問題をターゲットにしており、歴史教科書から慰安婦記述の削除を求めていた。おそらくこの動きと「自虐史観」の広がりは連動していると思われる。東京裁判では天皇が免責されたため、「東京裁判史観」の否定は天皇免責の否定にもつながる。そのため、「つくる会」の結成以降、不都合を一部含む「東京裁判史観」に代わって、「自虐史観」なる言葉が急速に広がっていくのである。

　「自虐史観」は、「東京裁判史観」のようにはっきりとした輪郭を持たない言葉であるため、ある意味都合の良い言葉でもある。GHQによる洗脳言説は、この「自虐史観」と結びついて以降、その矛先を広げていった。今や愛国心がないのも、祝日に国旗を揚げないのも、すべてGHQによる洗脳の成果ということになっている。もっとも、こうした言説がデータや資料に裏付けられたものでないことは明らかだ。世論調査によれば日本人の8割は愛国心を持っているし[2]、戦後一貫して国旗・国歌に対しては好意的な見方が大勢を占めている[3]。一定以上の年齢で地方在住の人であれば、子どもの頃、祝日に家々で国旗が掲げられていた光景を記憶している人も多いのではないだろうか。

「洗脳」の意味するところ

このように、裏付けもないままに広がっていった洗脳言説であるが、日本人が「ウォー・ギルト・プログラム」によって洗脳されたか否かを、実証するのは容易ではない。洗脳言説を検証するためには、まず「洗脳」という言葉の定義から始めなければならない。通常「洗脳」とは強制的な思想改造を指し、その過程で暴力や監禁、感覚遮断、賞罰といった手段がとられる。むろん、占領期にこうした強制的な手段がとられた事実はないが、一方で江藤が指摘するように、検閲によって言語空間が閉ざされていたことも事実だ。

しかし言語空間の閉鎖を言うのであれば、戦前の方がよほど強力であった。なぜなら、占領期は戦前と異なり、私的な言語空間は閉ざされてはいなかったからである。特高（※）や隣組（※）による監視、さらには権力者による虚偽の情報発信が日常的であった戦前の方が、よほど洗脳に適した環境であった。

おそらく、保守論壇で言うところの「洗脳」は、こうした心理学的定義に基づいた厳密なものではなく、戦前とは異なる考えを持つに至った程度のライトなものを指しているのだろう。しかしながら、すべての日本人の考えが百八十度変わったのか、それとも一部の日本人の、一部の考えが変わったのか。そもそも考えが変わったというのであれば、それは「洗脳」ではなく教育ではないか。教育であれば、自身で学び理解し、判断してそれを受け入れたにすぎないのではないか。

このように、「洗脳」の定義を明確にしなければ、洗脳言説の論証は不可能だ。しかし、「洗脳」を心理学的な意味に定義すれば洗脳言説は否定されることになるため、自身で都合の良い「洗脳」の意味を創作せねばならない。結局、「洗脳」とは何か、何を洗脳されたのかを明確化しなければ議論は堂々巡りになってしまう。

7年間という占領期に、それまでの政治システムおよび教育に大きな変化があったことは否定すべくもない。そのうえで、検閲によって都合の悪い情報を隠蔽《いんぺい》しつつ、「ウォー・ギ

特高　特別高等警察の略称。戦前に共産主義者などの国体を否定する者を取り締まるために創設された内務省管轄の組織。戦時中には戦争反対を唱える市民をも標的としていた。

隣組　第二次世界大戦下で組織された町内の下部組織。配給や防火などの相互扶助的な役割とともに、住民同士の監視機能も果たした。

ルト」や民主主義、男女平等といった新たな価値観がGHQにより示されたことは、それなりに日本人に影響を与えたはずである。逆に全く影響がなかったというのであれば、占領はうまくいかなかったということになる。

ただ、だからと言って「洗脳」と称して諸悪の根源を占領に置き、さらに日本社会がそれを70年以上にわたって維持し続けていると考えるのは、それこそ日本人に対する「自虐」ではないか。

日本人の視点を取り入れる必要性

結局のところ、「GHQによって洗脳された」という言説はあくまで物語であり、これに対しては「洗脳」の定義づけも含めて個々の判断に任せるほかないだろう。しかしその一方で、判断を下すために必要な「ウォー・ギルト・プログラム」の実像が理解されているとは言い難く、この政策の持つ多様な側面が見逃されているのも事実だ。

占領政策は米国によって実行されたが、その成功の陰で日本人が協力し、ともに作り上げた面があった。例えば、しばしば「押し付け」との枕詞《まくらことば》が付く憲法は、日本側の審議の段階で生存権などの項目が盛り込まれた。憲法改正案には当時の政権与党をはじめ、多くの党がこぞって賛成票を投じた。ＧＨＱ占領下ゆえ、そうせざるを得なかったわけではない。実際、共産党は反対票を投じている。つまり、賛成票は権力維持と国民の支持を得んがために、自らの意思で投じられたのである。加えて言えば、その後マッカーサーから憲法改正の許可が出たにもかかわらず、吉田茂《よしだしげる》は実施しなかった。また、「勝者の裁き」として批判の多い東京裁判も、戦犯選定にあたっては、日本の多くの保守派が協力したことがこれまでの研究によって明らかにされている。要は日本人が、ＧＨＱを利用することで自身の思いを達成した面があったということだ。

同様に、「ウォー・ギルト・プログラム」にも多くの日本人が関わった。ＣＩＥ制作の番組に積極的に出演した者もあれば、陰ながら情報提供を行ってプログラムを支えた者もあった。絶対的権力者であるＧＨＱの意向を忖度《そんたく》して、自ら情報を発信した日本人も多い。情報発信の仕方も、一方通行だけでなく、討論形式、質疑応答形式など双方向性のもの、日本人の手に委ねたものなど、様々な方法がとられた。また、国際情勢の変化に伴い、プログラムの方向性自体にも途中から変化が見られた。占領者が一方的に特定の思想を被占領者へ押し付けたといった、単純な図式ではなかったのである。こうした多面性と柔軟性こそが日本占領のダイナミズムであり、占領を成功に導いた要因の一つでもある。

この日本側の視点を取り入れて「ウォー・ギルト」に向き合いたいというのが、本書執筆のきっかけである。「ウォー・ギルト・プログラム」が日本人に対する啓蒙政策であった以上、日本人の視点を取り入れて描き出さなければ、実像とはいえないのではないか。

実は、この日本人の視点に関しては、筆者にとって未達成の残された課題でもあった。占領史研究は日本側の史料が圧倒的に不足していることもあり、往々にして占領者の史料に依拠しがちである。本書では占領者だけでなく日本人にも焦点を当て、日本人は「ウォー・ギルト・プログラム」にどのように関わったのか、日本人は「ウォー・ギルト」をどのように捉えたのかを軸として、「ウォー・ギルト」と向き合った日本人の物語を描き出したい。

水面下で流れ続けた「戦後の語り」

「ウォー・ギルト・プログラム」は占領終了によってその幕を閉じたが、その後も日本人は国際社会の一員として「ウォー・ギルト」に向き合ってきた。サンフランシスコ平和条約に、東京裁判（極東国際軍事裁判）およびBC級戦犯裁判（※）判決の受け入れ条項が入れられたことは、戦争の語りに一定の枠組みを与えることになった。いや、たとえこの条項がなかったとしても、やはり戦争の語りは変わらなかっただろう。なぜなら、世界は日本を侵略者とみなしており、アジア・太平洋戦争で戦った国――そこには近隣諸国だけでなく戦勝国である米・英・蘭などの連合国も含まれるが――との友好関係を保つために、この枠組みから逸脱することは難しかったからである。特に、日米安保による強い結びつきを持つ米国との関係が、その枠組みを一層堅固なものにした。実際、歴代の自民党政権は「侵略」か否かへの言及を避けてきたが、国際社会が「侵略」だと評価していることについては認めることで公式にその枠組みを維持してきた。[4]

一方で、国際社会向けの公式な語りとは別に、国内での内向きの語りがあったことは、保守政治家たちの数々の発言からも明らかだ。つまり、表向きの侵略戦争、反省、という語りとは別の語りが、水面下で静かに、しかし途切れることなく流れ続けるという二重構造が戦後継続してきたのである。吉《よし》田《だ》裕《ゆたか》はこの二重の語りを「ダブルスタンダードの歴史観」と評し、それは1960年代から始まったとしている。[5] 昨今、社会の右傾化が言われているが、それはこれまで静かに水面下を流れていた内向きの語りが表に浮き上がってきたにすぎない。

BC級　A級戦犯は「平和に対する罪」で訴追された戦争指導者を指し、BC級はB項（通例の戦争犯罪）もしくはC項（人道に対する罪）によって訴追された者の呼称である。ただし日本ではC項（人道に対する罪）で訴追された者はいない。

本書では、「ウォー・ギルト」を占領史の中にのみ位置付けるのではなく、戦後を含めた日本人の意識の中に位置づけるために、戦後製作されたBC級戦犯を主人公とする映像の分析を通して「ウォー・ギルト」の行方を追う。その際に、水面下で静かに流れ続けた非公式の語りにも注意を払いたい。

「ウォー・ギルト」をどのように訳すのか

最後に、「ウォー・ギルト」という語についても再度説明を加えておきたい。「ウォー・ギルト」をどのように訳すのか。これは筆者にとって、この問題に取り組んだ当初からの課題の一つでもあった。冒頭で説明したように「ギルト」とは、「罪の意識（罪悪感）」「罪に対する責任」「罪そのものや罪を犯したこと（有罪）」を指す言葉である。ここから、「ウォー・ギルト」とは日本語一語で表すことが難しい概念であることがわかる。

そこで、まずCIE文書での「ウォー・ギルト」という語の使われ方に注目した。CIE文書の中では、「ウォー・ギルト」と「戦争責任」は並列で使用されることが多い（第1章参照）。同列に扱われているということは、「ウォー・ギルト」と「戦争責任」は同じカテゴリーに属してはいるが、異なる概念を持つ言葉であることになる。

続いて、「ウォー・ギルト」を含む文章の構成に着目した。CIE文書では、日本人に「ウォー・ギルト」を「理解させる」「焼き付ける」「説明する」「明らかにする」といった使われ方がされ、特に「理解させる」が多用されている。つまり、「ウォー・ギルト」は理解しなければならないものということになる。となれば、「戦争の罪悪感」といった意識を表す訳語には違和感を持つ。

「戦争責任」「戦争の罪悪感」が間違っているわけではないものの、それがCIEの考える「ウォー・ギルト」概念の中心ではないとなると、いったいCIEのイメージする「ウォー・ギルト」とは何なのか。残りは「罪そのものや罪を犯したこと（有罪）」である。そのため、前著『ウォー・ギルト・プログラム：GHQ情報教育政策の実像』では、当時学術論文で使用されていた「戦争の有罪性」を訳語に用いた。現在でも、この言葉はそれなりに「ウォー・ギルト」をよく表していると思う。

その一方で、日本語にすることで「ウォー・ギルト」という概念に一定の枠をはめてしまうことが危惧される。また、「有罪性」という言葉自体が造語でもあるため、かえってわかりにくくしてしまう恐れもある。結局、日本語にない概念をあえて日本語にする必要があるのか。こうした思いから、前著の刊行後は日本語には訳さず、「ウォー・ギルト」をそのまま使用するようにした。そのため、読者にとってわかりにくい言葉ではあるが、本書でも「ウォー・ギルト」をそのまま使用する。

また、この政策の名称についても触れておきたい。当初、CIEの情報発信の中で「ウォー・ギルト」は最重点テーマの一つとされていたため、日々のCIEの活動を綴《つづ》った日報や局長あての報告書に登場することが多かった。その時に使われた名称は、「ウォー・ギルト・キャンペーン」「ウォー・ギルト・プログラム」、もしくは単に「ウォー・ギルト」のみであった。その後CIEによる情報発信は「インフォメーション・プログラム」と呼ばれるようになった。そのため江藤が依拠した文書には「ウォー・ギルト・インフォメーション・プログラム」と書かれていた。一方でこの時期でも「ウォー・ギルト・プログラム」の名称も見かける。

このように定まった名称がないこと自体、この政策のCIEにおけるあいまいな位置づけを表しているともいえる。ただし、やはり便宜上、政策の呼称があった方が読者にとってわかりやすいことから、本書ではこの政策が開始された当初から最後まで使われていた「ウォー・ギルト・プログラム」なる名称を使用する。

このように言葉の定義づけにこだわる理由は、「ウォー・ギルト」という日本人にはなじみのない概念がこの政策をよりわかりづらくしている面が大きいからである。「ウォー・ギルト」とは何なのか、その本質はどこにあるのか、そして日本人はこの未知なる「ウォー・ギルト」にどう向き合い、先の戦争をどう捉えたのか。こうしたことを考えながら本書を読み進めてほしい。

---

1 江藤淳『閉ざされた言語空間』文春文庫、1994年、272-273頁
2 2007年1月25日に発表された『朝日新聞』の世論調査では、愛国心があると答えた人は78%であった。
3 内閣府の世論調査や新聞社の調査などにおいて、おおむね日の丸の支持率は8割、君が代は7割程度と安定した支持を集めている。
4 例えば、中曽根康弘首相は1982年12月の参議院予算委員会で「日本の行為につきましては、関係各国あるいは世界の歴史家等から侵略行為があったと、侵略的戦争であったという判定をわれわれは受けておる。そのことを深く反省し、またこれを踏まえてわれわれは再出発しなければならない」と述べている。
5 波多野澄雄『国家と歴史』中公新書、2011年、139頁
吉田裕『日本人の戦争観』岩波現代文庫、2005年、第4章

第1章 なぜ「ウォー・ギルト」なのか

1　占領開始時の日米軋轢

1945年8月15日正午

1945年8月15日、前日から正午に天皇陛下のお言葉が放送されるとの通達がなされ、ラジオの前に多くの人々が集まった。初めて聞く天皇陛下の声で読み上げられたのは、戦争の終結を告げる「終戦の詔書《しょうしょ》」であった。当時広島市の中学一年生だった新井《あらい》俊一郎《しゅんいちろう》はその日の出来事を次のように日記に記している。

我の一生の中で今日ほど驚き大いに憤慨した日はなかった。ああ遂に我が国が敵米英ソに降伏したらしいのである。何たる事か。紀元2605年の夢の輝かしい発展は、とうとう、本年本月本日、ついに汚されたのである。ああ残念なる事である。最後の勝利は我に有りというのは、ついに出来なかった。（中略）正午の報道の時に我が今上陛下には、ラジオに於いて我が国が講和するに至った事を述べられ、国民の決心をうながしていられる。今の所は休戦であるらしいのである。実に残念である。日本破る、か、無念なり。しゃくに触る。最後の最後まで戦い抜くと思ったのに。[1]

当時の中学生は勤労動員されており、新井は同級生とともに広島郊外の寺で集団生活を送っていた。軍国少年であったと自らを振り返る新井の心情は、日記記述の最後にある「無念なり」「しゃくに触る」に表れている。[2]しかしこれは詔勅《しょうちょく》を聞いて数時間後に改めて思ったことで、聞いた瞬間は一瞬のうちに頭が空白になったという。

新井は周囲の様子について「大人も子どもも泣いている人は一人もいなかった。冷静に聞いていた」と述べている。もちろんこれは新井の体験であり、当時の他の人々の日記には、玉音放送を聞いて涙を流したとの記述が見られないわけではない。旧制高校生であった井上《いのうえ》太郎《たろう》は「ここに来て誰かが体を震わせて慟哭し、それにつれて何人かが鼻をすすった。私は涙よりも額に吹き出て来る汗を感じた」と書き、その後学校に戻ってドイツ語の教授が号泣していた様子を記している。井上はそれから電車で帰途に就いたが、車内は「誰もが黙りこくったまま目を伏せている」状況であったとしている。[3]

新井と井上、どちらの記録も8月15日の真実である。ただ、ラジオで敗戦を知った人々の間に大きな混乱が見られなかったことは、一人の日記に共通している。同様のことを作家の高見順《たかみじゅん》が、翌16日の様子として書いている。

昨日、人々は平静だと書いたが、今日も平静だ。しかし、民衆の多くは、突然の敗戦にがっかりしている。百姓は、働く気がしなくなったといっている。戦争が終わってほっとしたところからそういうのかもしれないが、――こんなことで敗けるのはいやだ。戦争をつづければいいのにと、そういう人が多い。つづければ敗けるはずはないのに、そういうのである。[4]

終戦を受け止めた日本人の心情は立場・状況によって様々であるが、少なくとも大きな混乱はなく、人々は黙って天皇の言葉に従った。いや、従うしかなかったというのが正しいかもしれない。新井の日記にある「今の所は休戦であるらしい」、高見の日記にある「つづければ敗けるはずはないのに」との言葉からは、敗戦を受け止めきれない複雑な感情が垣間見える。

正午の放送は、その後に続くＮＨＫ放送員の解説、内閣告諭などを含め、37分30秒にわたる長いものであった。[5] だが、この一連の玉音放送に「敗戦」の言葉はなかった。単にポツダム宣言もしくは共同声明を受諾したとだけである。にもかかわらず人々が即座に「敗けた」ことを理解したのは、ポツダム宣言を受諾することは無条件降伏、即ち戦争に負けることであるとの認識が既に共有されていたからだった。

気になるのは、新井の日記にある「今の所は休戦であるらしいのである」との言葉だ。「らしいのである」は、彼がそう思ったというよりも、おそらく周囲の人々がそのように話していたのを聞いたのであろう。「今の所は」ということは、場合によってはこの後交渉がうまくいかず戦闘行為が再開される可能性があると考えていたのかもしれない。

つまり人々は、休戦協定から交渉を経たうえで講和条約を結ぶという従来の流れの終戦形態と、今回の無条件降伏の違いが理解できていなかった。これは新井やその周囲の人に限ったことではない。おそらく日本中の人々、いや軍上層部や政府の人間ですら無条件降伏とは何かについて理解できていなかったはずである。

無条件降伏とは何か

いったい、無条件降伏とは何なのか。この問いは簡単そうで実は非常に複雑かつ政治的な問題でもある。そのため無条件降伏の解釈をめぐり現在でも論争が絶えない。一般的には無条件降伏を条件のつかない降伏、勝者に対して物申せない降伏といったイメージで捉える人が多い。だとすれば、ポツダム宣言という条件を受け入れて降伏したのであるから無条件降伏ではない、となる。また、軍が無条件降伏をしたのであって国家が無条件降伏をしたのではないという議論もある（ポツダム宣言第13項には軍の無条件降伏とある）。これらの無条件降伏論は、それゆえ勝者が敗者に対して何をしてもよいわけではないとして、最終的に占領下で行われた様々な制度改革の否定につなげる場合が多い。しかし、こうした議論は根本的な部分を見逃している。

従来、降伏とは軍が行うものである。通常の降伏の流れを見ると、戦場で休戦協定を結んだうえでいったん戦闘を休止し、戦争終結のための条件交渉を行って合意に至れば、国家が講和条約を結んで終戦となる。万が一交渉が決裂した場合には当然、戦闘再開となる。第一次世界大戦時、ドイツはロシア革命によって樹立された革命政府とブレスト＝リトフスク条約を締結して、ロシアとの戦いに終止符を打った。しかし実はそこに至る過程で、一度は交渉が決裂し、戦闘が再開されている。

無条件降伏とはこうした従来の降伏形態とは異なるもので、いったん休戦した後の条件交渉という過程を省き、一切の交渉なく降伏を受け入れる終戦形態である。

連合国が無条件降伏を要求した背景の一つに第一次世界大戦での悔根があった。第一次世界大戦では、それまで通り休戦協定から講和条約という過程を経て戦争が終結した。ところが連合国とドイツとの間で条件交渉は行われず、一方的にドイツに対して多額の賠償金を請求し、ドイツは文書での陳述のみが許された。ドイツがこのような高圧的な条件にもかかわらず受け入れたのは、水兵たちの起こした革命によって国内が混乱したことで、政府が戦争終結への強い意思を持っていたからである。だがその後ドイツでは、実際には敗北していないのに、内部からの裏切り、つまりユダヤ人や共産主義者の策動によって講和条約を結ぶことになり過酷な条件を突き付けられたという、「敗けていない」言説が国民の間で支持を広げていった。第一次世界大戦の西部戦線はフランス領土内での塹壕《ざんごう》戦であったため、敗戦がドイツ国民の目に見える形ではなかったからである。また、ベルサイユ条約締結の前に、ロシアとの戦争で勝利を収めていたことも関係している。

　戦争が起こる要因の一つに、国民の間にくすぶる、国際社会での自国の地位に対する不満がある。[6]ドイツの「敗けていない」言説はまさに国民の不満の表れであった。この不満をヒトラーが利用し、ドイツの再度の軍事的な台頭の一因となった。

　したがって、連合国は第二次世界大戦の終結が見えてきた当初から、「敗けていない」言説を二度と生み出さないためにも、誰の目にも明らかな、相手の軍事的な完全敗北を目標としていた。そこで浮上したのが無条件降伏である。つまり、連合国の考える無状件降伏とは、条件交渉をしないだけでなく、首都を制圧した状況下で、国民に敗戦を認識させることにあった。

米国新聞の『カンザス・シティ・スター』紙は日本の敗戦について次のように報道している。[7]

> 日本本土は連合軍の侵攻を受けておらず日本軍も完全に敗北していないときに日本の降伏となったが、この事態に対処するためには我々は日本人と日本軍に彼らが完全に敗北している事実を十分確認せしめねばならぬ。

ところが日本側は占領統治形態がどのようなものになるのかにばかり関心がいき、無条件降伏が完全敗北を意味することには気が付いていなかった。

そもそも国際法は、国内法である民法や刑法のように文書で制定される成文法ではなく、条約と慣習法からなる。ただ、国家間の戦争においてそれまでほとんどとられたことのない無条件降伏という終戦形態は慣習法として成立しておらず、明確な定義のあるものではなかった。そのため、無条件降伏論争は、結局は言葉遊びにすぎない。筆者は国際法学者ではないので、ここで無条件降伏の国際法的解釈について持論を述べるつもりはない。ただし、無条件降伏というこれまでにはない新しい終戦形態は、定義が明確でないがゆえに日米の間で大きな解釈の違いを生み出したという事実が重要になる。

日本は無条件降伏をいかに捉えていたのか

無条件降伏がいかなるものかはともかく、ポツダム宣言を受諾することが即ち無条件降伏であることは、軍部、政府のみならず国民の多くも理解していた。米軍は本土への空襲のみならず宣伝ビラを大量に投下しており、そこには無条件降伏を促す文言が書かれていた。日本政府は、無条件降伏すれば男は奴隷にされ女は暴行されると宣伝していたが、米軍はそれを打ち消すために、無条件降伏は決してそのようなものではないことをビラに書いて投下していた。[8]

もちろん、全国民が奴隷化され民族が壊滅すると本気で考えていた政府関係者はいなかった。むしろ、無条件降伏といえどもポツダム宣言に軍の無条件降伏と書いてある以上、国家が無条件降伏したのではない、ポツダム宣言の条項の規定が相当の解釈の幅を有しているため、宣言に書かれていない条項に関しては条件闘争が可能と、楽観的に捉える向きが強かった。

日本はポツダム宣言受諾前に、連合国に天皇の地位をどのようにするかを問い合わせており、それに対する回答から、占領軍は現存の日本政府を承認し、直接軍政は不施行かつ日本の政策決定に対し不干渉ではないかと考えたのである。

結局のところ、ポツダム宣言の条項には限定的なことしか書かれておらず、無条件降伏という終戦形態がそれまでほとんどとられたことがなかったために、日本政府や軍部は自身の希望に沿って都合良く解釈していたことになる。

こうした考えに基づき、日本側は玉音放送が流された直後の8月15日午後3時、希望という形ではあるものの国内の占領地域を最小限にとどめ、かつ東京を除外してほしいと連合国に要望した。ポツダム宣言にある「日本国領域内の諸地点（points）は（中略）占領せらるべし」との条項を、本土全体ではなく、特定の地域だけを占領するものと考えたためである。当初横浜で占領軍との折衝を行っていた終戦連絡横浜事務局の鈴木九萬《すずきただかつ》は、占領軍司令部を横浜に釘付けにして東京に来ないように努力せよと政府から強く訓令されており、こうした要望は一度のみならず二度申し入れられたと証言している。東京に占領軍を来させまいとする政府の意思は固く、またそれがかなうという甘い見通しを持っていた。鈴木は次のようにも述べている。

日本の場合は、ポツダム宣言に基づく降伏文書を連合国と日本政府との間に調印し、天皇と日本政府を認めている。ただ統治のうえで、マッカーサーの権限の制限の下に置かれるという条件が付いているだけです。したがって直接軍政ということはちょっと予想していなかったわけです。[9]

鈴木が言うように、当時の日本政府は占領統治形態が間接統治となると予想していた。また当初、新聞報道では、「保障占領」という言葉がしばしば見られた。

保障占領とは、講和条約で規定された責務を敗戦国が履行する保障として一時的に占領することをいう。[10]日本側は、ポツダム宣言の条項を日本側で履行しさえすれば、連合軍は直ちに日本から引き揚げると考えていた。既に米国は、改革によって日本の根本的な変革を目指すことを決定していたが、日本側はあくまで一時的なものと考え、それゆえ東京に来ないよう要望を出していたのである。

青天の霹靂の三布告

台風の到来により2日延期されたものの、8月30日に無事に日本の地に降り立った連合国最高司令官のダグラス・マッカーサーは、直ちに横浜のホテルニューグランドに陣取り、ここで占領の指揮を執ることになった。

日本政府の関心事であった統治形態に関して大きな動きがあったのは9月2日の降伏調印式の後である。調印式終了直後に鈴木九萬はリチャード・マーシャル参謀次長から呼び出しを受け、翌日告示される予定の布告一号から三号までを渡された。[11] この布告は、軍票の使用、英語を公用語とするなど軍政に等しい内容であった。しかも内容だけでなく、「日本国民ニ告グ」という出だしで始まり、日本政府を通してではなく占領軍司令部から国民に向けて、直接発せられるという。外務大臣の重光葵《しげみつまもる》が、「このことは日本上下を震撼せしめた。ポツダム宣言の受諾ということに関して、日本政府と連合国側との間に根本的な解釈の相違があるようである[12]」と述べているように、日本側はここにきて初めて己の見通しが甘かったことを知った。

もちろん、だからと言って日本政府がこの布告を黙って受け入れたわけではない。直ちに緊急会議を開き、岡崎勝男《おかざきかつお》終戦連絡中央事務局長官を派遣して、リチャード・サザランド参謀長に布告の交付差し止めを要請した。翌日には重光がマッカーサーと会談し、「このように日本政府を経ずに直接軍政をとれば国民の政府に対する信頼はなくなり混乱が起こる」と再度布告の撤回を申し入れた。その結果、驚くべきことに、布告はあっさりと撤回されることになった。最終的には9月24日に発表された「降伏後に於ける米国の初期の対日方針（以下初期の対日方針）」で、占領方針が、間接統治となることが正式に発表されたのである。

ダグラス・マッカーサー（1880-1964）
（GRANGER.COM／アフロ）

こうした経緯からは、日本側の要望により布告が撤回されたともとれる。だが、実は占領が、当初計画されていた軍政から間接統治に変更されるとの方針は、既に8月22日にはマニラに滞在するマッカーサーあてに米国から通知されていた。またそれを明文化した「初期の対日方針」も、最終版ではないとの断りが入ってはいたが、8月29日にマッカーサーに知らされていた[13]。こうした背景から、即座に布告は撤回に至った模様である。要は、布告一号から三号は、サザランド自身が重光との会談で「相当以前に作成されたもの」としているように、以前に作成されたものを、ワシントンの正式な対日方針指令が出される前にとりあえず布告しようとしたにすぎない。仮に日本政府側が撤回の要請をせず、布告が国民に向かって直接発せられたとしても、最終的には撤回され間接統治になることは既定路線であった。

ただしここで問題なのは、日本政府が撤回要請を行った後に実際に布告が撤回され、さらにその後ほどなくして間接統治が日本側に知らされたことである。当然、日本政府は間接統治の方針が既に決定されていたことは知る由《よし》もなかったため、要望を出せば、日本の意向に沿うように方針変更が可能だと考えた。しかも間の悪いことに、重光は記者会見で、布告撤回という事実を自慢げに明らかにした。この話を聞いたマッカーサーは激怒し、以降重光とは会わなかったという。[14]なお、鈴木九萬は、この件で「軍政施行布告の案文を未然に入手し遅滞なく報告をしたことで本件処理上至大な貢献をした」として、重光により金千円とともに表彰を受けている。[15]重光の喜びがいかほどのものであったかが伝わるエピソードである。

日本政府は、この成功体験を得て、占領軍への攻勢を一層強めていくことになった。これに対し占領軍は9月17日、ついに終戦連絡中央事務局の山田久就《やまだひさなり》政治部長を呼び出し、呼び出しに応じない官僚がいる、書類を提出しない、占領軍に対し非協力的であると不満をぶつけ、このような状況が続くのであれば、ドイツのように直接軍政を布《し》くと脅しをかけた。日本側はしぶしぶ恭順の意を示すものの、以降も水面下で占領軍およびこの後設立されたGHQに対し抵抗を試みていくことになる。

捕虜虐待に対する米国の怒り

統治形態をめぐっての日米のせめぎあいとは別に、占領軍上陸当初の日米間での軋轢《あつれき》として、捕虜虐待をはじめとする日本軍の残虐行為の問題があった。

米国では日本本土を初めて爆撃したドゥーリットル隊の処刑により、日本軍の捕虜虐待が広く知られるようになった。ドゥーリットル隊は、日本爆撃後中国に着陸する予定であったが、一部のパイロットが運悪く中国の日本占領地に着陸してしまい、日本軍に捕えられた。だが、軍は彼らを捕虜ではなく無差別攻撃を行った戦犯として、即刻斬首により処刑した。これが米国に伝えられ『パープル・ハート』というプロパガンダ映画として公開されたこともあり、日本軍の捕虜虐待に対する米国内の怒りは膨れ上がった。

一方で当然のことではあるが、日本国内では捕虜虐待に関しての報道が一切なかった。そもそも俘虜《ふりよ》収容所[16]自体、周辺住民以外には知られた存在ではなかったため、捕虜そのものに対する関心が薄かった。日本軍では捕虜になることを禁じられていたこともあって捕虜を蔑《べっ》視《し》していたことに加え、軍隊での部下に対する暴力的制裁は日常茶飯事であったことも、捕虜虐待への無関心に結びついている。

軍隊ほどではないにせよ、日本社会においても、それは同様であった。人権意識が希薄だったこともあり、虐《いじ》めや差別は現在と比較すれば社会の中で横行していた。ある占領軍兵士は、日本進駐後に最も驚いたこととして、道路で警官が婦人を怒鳴りつけ、婦人が一方的に謝罪している光景に出くわしたことを挙げている。当時の日本では日常的な風景ではあるが、米兵にとって、謝罪している女性を公衆の場で怒鳴りつけること自体信じられないというのだ。

こうした社会状況下、国際法の何たるかも教えられてない日本軍が、恥ずべきものと考えられていた捕虜に容赦ない仕打ちをすることは、特段問題のある行動とされていなかった。結果、日本軍の捕虜となった連合国兵士の3割近くが死亡した。これは同じくドイツの捕虜となった連合国兵士の死亡率が3〜4％程度であることを考えれば非常に高い数字といえるだろう[17]（ただし、ドイツ軍はソ連兵に対しては残虐な扱いをした）。

また、捕虜虐待は残虐なだけでなく、卑怯《ひきょう》な行為と考えられていた。日本は捕虜の取り扱いを定めたジュネーブ条約に署名こそしていたものの、批准はしていなかった。そのため戦争開始時に連合国はジュネーブ条約を遵守するのかどうかを日本側に問い合わせ、日本側は「準用する」との回答を行っていた。これにより、ジュネーブ条約に基づいた適切な処置が受けられると信じて投降した米兵にとって、日本軍のやり方はだまし討ちをしたパールハーバー同様に卑怯だと糾弾されることになった。

日本では、真珠湾攻撃は「通告遅れ」「奇襲」と表現されているが、米国では、交渉によって平和を構築しようとする姿勢を見せながら攻撃したとして「だまし討ち」と捉えている。同様に捕虜虐待も日本人は卑怯であるとのイメージを増幅させ、「南京虐殺」などの残虐行為と相まって対日感情を悪化させた。

1944年12月に実施された米国世論調査によれば「戦争が終わったら、日本に対してどういう処置をとるべきだと思うか」という問いに対し、「日本人の全員殺害」を希望すると回答した割合が13%であったほどである。[18] こうした状況により、米国を中心とした連合国記者団も、捕虜問題に対する関心は非常に高かった。マッカーサーが横浜から東京へ移動して早々に行われた東久邇宮稔彦《ひがしくにのみやなるひこ》首相と連合国記者団との初会見では、捕虜虐待と真珠湾攻撃に質問が集中した。

もっとも、軍上層部は捕虜虐待が国際法違反であることは理解しており、終戦とともに捕虜虐待の隠蔽や捕虜を虐待した者への逃亡命令が出されていた。ただ、これほどまでに連合国が捕虜虐待に対して厳しい目を向けていることは予想外であった。

鈴木九萬の苦悩

終戦連絡横浜事務局の鈴木九萬は、後に、横浜での占領軍とのやり取りはその後のGHQ占領（鈴木は終戦交渉と述べている）に対する前哨戦であったと述べている。その前哨戦の中で最も象徴的であったのは、先に述べた三布告問題と戦犯問題であった。ところが、戦犯に関しては日本側と占領軍の間で受け止め方に大きな認識の差が横たわっており、予想外の出来事が鈴木に覆いかぶさってきた。

9月10日、鈴木は占領軍のシドニィ・マシュバー大佐に呼び出された。大佐は、「米国の新聞記者が、最近マッカーサーが戦犯問題について手を付けていないことを打電し、米国で問題になっている。一方で日本の新聞は連合国に好意的ではない論説を掲げており困っている」としたうえで、「日本の戦時国際法違反」と「マニラの虐殺」に関するマル秘資料を提示した。前者の資料では既に現地部隊の命令書、日誌の写真、関係者の氏名階級が調べ上げられており、後者の資料では犠牲者の写真が掲げられていた。

鈴木はすぐに東京に電話をし、問題のある新聞記事の差し止めと、日本側が自発的に戦犯裁判を行うことを検討してほしいと要望した。ところが時既に遅しで、翌日に米軍が東条《とうじょう》英機《ひでき》を逮捕しようとし、その際、東条はピストル自殺を図った。幸い東条は米軍の病院に運ばれ手厚い治療を施《ほどこ》されて一命をとりとめたが、鈴木は戦犯問題を何とかせねばならないという気持ちが一層強まっていった。

その後鈴木の奔走により、なんとか日本側が責任をもって逮捕命令の出た者の身柄を引き渡すことで折り合ったものの、今度は戦犯の待遇が問題になった。鈴木はA級戦犯が高齢でもあることや、何よりやはり将軍という地位にあったことから、勾留の場としてホテルのような場所を望んでいた。ところがマッカーサーは、フィリピン戦コレヒドール要塞の司令官ジョナサン・ウェインライト将軍が捕虜収容所で日本の一兵卒に殴られた話を持ち出し、許可を出さなかった。ウェインライトの話は連合国の中で広く知られており、そのため戦犯の収容所を移せばマッカーサーの立場が悪くなることを鈴木に伝えた。その後も鈴木は外務省と交渉を続け、9月20日にはなんとか陸軍省内に捕虜虐待調査委員会を設置し、占領軍司令部の申し入れに基づき詳細な調査を実施したうえで、事実が判明した場合には虐待行為者を日本側で処分することとなった。

　こうした鈴木の努力にもかかわらず、戦犯のホテルでの勾留はかなわないどころか、横浜の収容所から大森俘虜収容所へ移送されることになったのである。大森俘虜収容所には、渡《わた》邊《なべ》睦裕《むつひろ》という凶暴な軍曹がおり、米兵の間では地獄の収容所として有名だった。収容所所長の鈴木薫二大佐は、その時既に逮捕され横浜で勾留されていたが、「あの収容所はとても非道な故、行くのは困る」と苦笑していたほどである。

この精神は、絶対に折れない
アンジェリーナ・ジョリー監督作品
不屈の男
アンブロークン
1943年、一人のオリンピック選手が、戦場に駆り出された……。

『不屈の男　アンブロークン』（配給：ビターズ・エンド）2016年（映画.com作品ページより）
米側から見た捕虜虐待が描かれている。捕虜虐待とは即ち人間の尊厳を奪うことであることがわかる。

　その鬼の軍曹渡邊に関して、占領軍は名指しで再調査するように命じた。鈴木の日記を見る限り、渡邊は占領軍が名指しで調査を命じた唯一のBC級戦犯である。なお、大森俘虜収容所と渡邊に関しては、2014年にアンジェリーナ・ジョリー監督によって『不屈の男 アンブロークン』というタイトルで映画化されている。

10月3日、鈴木九萬は日記に、スイス公使を訪ねたところ、立て続けに日本の悪口を言われたと記している。日本の捕虜虐待をはじめとする残虐行為に相当立腹しており、マッカーサーとも連絡を取り重光や鈴木自身まで尋問することを計画しているとのことであった。占領軍と対峙した鈴木は、中立国のスイス公使からも捕虜虐待を糾弾されたことで、日本軍の捕虜虐待がいかに大きな問題となっているのかを痛感することになった。[19]

残虐行為をめぐるせめぎあい

マシュバー大佐は鈴木に「マニラの虐殺」資料を見せた時、「この資料を元に日本の新聞に日本軍の残虐行為の記事を書かせるように頼もうと思っていた。日本人は日本軍の残虐行為を知らされていない」と伝えていた。ところが実際は、この時点で既に占領軍は日本の新聞に対して働きかけを行っていた。まず、降伏調印式の直後にフィリピンでの残虐行為、しかも生体解剖を行ったという軍医の日記までをも発表した。[20] その後、9月14日に正式に「比島解放戦における日本軍の典型的暴行」（マニラの虐殺事件）との報告書を提示し、必ず新聞に掲載するように、載せない場合はその新聞の発行を抑えると脅した。[21]『毎日新聞』ではこれを受け、どうせ掲載しなければならないのであればと15日に掲載したが、『朝日新聞』『読売新聞』は翌16日に掲載した。

「マニラの虐殺」とは、日本軍がフィリピン攻略戦において多くのフィリピン人を虐殺した事件である。フィリピンでは日本占領に対する反発から住民がスパイ活動やゲリラ戦で抵抗した。そのため日本軍は住民を教会に閉じこめて火を放つなど非人道的な方法で、マニラの人々を殺害した。米軍によればその数は10万人に上るという。米軍はこの事件を非常に重要視しており、また日本では事件について報道されていないことに驚いた。

それどころか、日本では占領軍の進駐時に、米軍兵士による日本人に対する残虐行為を恐れていた。終戦前に政府が、米軍は上陸すれば非人道的な行為をすると煽《あお》ったこともあるが、日本軍が中国大陸で同様のことを行っていたため、自分たちも等しい仕打ちを受けると考えた者が多かった。そのため、占領軍が上陸する神奈川県をはじめ各地で女性を避難させようとする動きが相次いだ。

果たして占領軍が上陸すると、自動車を盗まれた、女性が暴行されているなどの話があちこちで聞かれるようになった。ただし、公式な数字では、自動車泥棒や住居侵入は多かったものの婦女暴行はそれほど報告されていない。このあたりは、日本人による同種の犯罪にも当てはまるが、犯罪の性質上、届け出は氷山の一角であり実態からかけ離れているというのが本当のところであろう。

『毎日新聞』では占領軍の犯罪を報道するか迷ったようである。発表すれば人心も動揺するし、報復しようとする暴力沙汰も出てこないとは限らない。結局『毎日新聞』では報道を見送ったが『朝日新聞』は報道に踏み切った。9月3日に「一部米兵の暴行」として婦女暴行、略奪、窃盗事件など計7件を報じた。9月13日には「都電を襲い身体検査・乗客から時計、万年筆を強奪」として米兵の犯罪を報じている。

後に「ウォー・ギルト・プログラム」の旗振り役となるブラッドフォード・スミスは、日本の新聞が米兵の事件を大げさに報道するにもかかわらず、自身の戦争犯罪に対する責任は一切報じないことを、「司令部の思惑とは別に独自の路線を歩んでおり、自身の目と鼻の先で日本側による宣伝工作が繰り広げられ苦々しく思った」と報告している。

占領軍は「マニラの虐殺」の掲載を強要したことに続いて、情報局河相《かわい》達夫《たつお》総裁に対し「今日の日本の新聞を見るとその内容に敗戦国らしいところが些も現れていないではないか」と伝えた。敗戦国であるのだから敗戦国らしい謙虚さを持てということである。さらに、占領軍兵士の善行美談を新聞に載せるよう要求した。あくまで占領軍兵士と日本国民との間の感情的な融和を図る目的だというが、実際にはスミス同様、日本が敗戦国にもかかわらず占領軍の犯罪を書き立てることに我慢がならなかったためである。こうして、占領軍側は次々と新聞に対して強硬手段をとっていくことになる。

比島残虐行為に対する日本の反応

新聞に掲載されたフィリピン・マニラでの日本軍の残虐行為に対する日本側の反応は、占領軍の予想を大きく外れていた。鳥取県警が内務省に報告した県民の反響では次のような声が報告されている。

「日本軍の暴行は信じられぬ。マッカーサーが米軍の暴行を正当視せん為の策略だろう」

「意外な発表だ。……この発表により婦女子の恐怖心は一層強くなった。日本軍が暴行したことの仕返しを進駐軍が必ずするとの懸念だ。進駐軍の暴行をカムフラージュするマッカーサーの一策だろう」

「暴行暴行と米国は宣伝的に発表し又放送して居るが米国は昔より宣伝性が旺盛だ」

「新聞ほどではなく三分の一位の事件と思う」

「戦争中に当然有る事だ」

「相当暴行はしたと思う。自分も支那事変に出て戦況は知って居る。しかし戦争だからこれ位は当然だ」[22]

こうした声を受け『朝日新聞』では、「信じられない」「兵士にも責任はあるとはいえ、軍部首脳の罪である」「突然の発表は日本の新聞が米軍の暴行を報じたことと関係があるのではないか」との主張を掲載した。[23]この結果『朝日新聞』は、9月18日から2日間の業務停止を命じられることになった。この発行停止の背景には、9月15日に報じた、鳩山一郎《はとやまいちろう》の「原子爆弾の使用や無辜の国民殺傷が病院船攻撃や毒ガス使用以上の国際法違反、戦争犯罪であることを否むことはできぬであろう」との意見を掲載したこともあったとされる。

当時『朝日新聞』デスクでこの記事を担当した森恭三《もりきようぞう》は、この記事の掲載について、「占領軍の忌憚にふれるかもしれないが、日本国民としてどうしてもいっておかねばならぬことと考え、あえて載せた」と述べている。さらに、日本各地で頻発している米兵の暴行事件について触れ、今後このような事態がないようにしてほしい旨を書いたことが発行停止に結び付いたとし、「戦時中への反省から、今後はいかなる権力に対してもご無理ごもっともという態度はとるまい、たとえ力で押しきられるにしても、一度は抵抗してから、と考えるようになっていたのです」と、あえて司令部に抵抗する気持ちがあったことを認めている。[24]

比島の残虐事件が『朝日新聞』『読売新聞』に掲載されたのと同日の9月16日、ドナルド・フーバー大佐は「連合国はいかなる意味においても日本を対等と考えていない」「交渉は一切存在しない」「日本政府に対して命令するのであり、交渉するのではない」といった厳しい声明を発表した。そのうえでの『朝日新聞』の発行停止である。

また、その前の9月14日には国策通信社である『同盟通信』が業務停止処分を受けている。『同盟通信』は、戦争は軍事的制圧ではなく天皇の慈悲によって終わったもので、占領軍は単なる客にすぎないとの立場をとっており、日本は占領軍と対等に交渉できることなどを配信していた。さらに、占領軍の動向を報じてはならないとされていたにもかかわらず、占領軍進駐の日付や人数、進駐場所などの情報を配信した。おそらくこうした配信が業務停止の理由であったことは想像がつく。ただし、業務停止処分に関しては、翌日に海外配信を除いて解除されている。

こうして発行停止や業務停止という強硬な手段をとられ、また占領軍のフーバー大佐の声明もあり、徐々に占領軍に従わざるを得ない状況が生まれていった。『朝日新聞』発行停止の翌日には検閲指令が出され、その後新聞統制に関する戦前の法律が廃止されたことにより、9月末には、新聞社は誰が権力を持っているのかをはっきりと理解することになったのである。『朝日新聞』では9月29日に、「ボクらの見た米軍　よく働き、よく遊ぶ、それに引きかえ悲しい風景」と、一転して米兵をたたえる記事を掲載した。

原爆投下 vs. 捕虜虐待

『毎日新聞』の森正蔵《もりしょうぞう》は、『同盟通信』の業務停止命令について「理由ははっきりわからないが、誇大に事実を曲げて報道したかどによると云われる。しかし、その理由の裏には更に更に深刻なものがあるであろう」と書いている。[25] 森の直感は当たっていた。水面下で起きていた占領軍と日本側のせめぎあいにおいて、最も深刻かつ重要な出来事が『同盟通信』の業務停止に関係していたのである。それは、マッカーサーが厚木に到着する直前の8月29日に発信された、ストックホルム岡本季正《おかもとすえまさ》公使による重光外務大臣あての電報から始まった。

欧米では原爆投下に対しては非常に強いショックを受けているが、概して日本に対する不満が渦巻いている。こうした根深い不信により日本占領において厳しい措置が取られる可能性があるため、状況を原爆投下に対する非情性を利用して反転すべきである。なぜなら数十万の罪のない人間に重い傷を負わせ虐殺したことを正当化することは困難であり、議会やラジオや様々な手段を用いて原爆の非人道性を巧妙に強調することで敵の弱点を突くことが可能だからである。

岡本電報に追い打ちをかけるかのように、9月10日、リスボンの森島守人《もりしまもりと》公使も、原爆投下は歴史上未曽有《みぞう》の人道に対する罪であり、トルーマンとチャーチルの戦時国際法違反を暴く十分な下地があると打電した。こうした在外公館からの電信を受け、9月13日に、重光外相はスウェーデン、スイス、そしてポルトガルの在外公館に以下の電文を送った。

新聞は広く最近の広島・長崎の原爆被害に関する報道をしている。これらの報道は同盟通信によって詳細が海外配信されたが、貴殿の地域では新聞や他のメディアでどの程度報道されているのか。最近米国は我が国の捕虜虐待などを取り上げて攻撃しているが、我々は原爆投下を攻撃しての宣伝工作をすべきだと考える。もし必要であれば、我々はさらなる詳細を打電する。

重光電報を受け取った各在外公館の公使は、日本が原爆投下を使ったプロパガンダをしていると捉えられないように、外国人を使って情報を発信すべきとのアドバイスも送った。既に9月5日には英国の『デイリー・エクスプレス』をはじめとして各紙が、オーストラリア人ジャーナリストのウィルフレッド・バーチェットの広島報告を大きく取り扱っていた。バーチェットが広島に潜入した際には、『同盟通信』記者が出迎え、市内を案内し、さらに彼の書いた原稿は『同盟通信』を通じて東京から打電された。こうしたサポートがあったのは、明らかに原爆被害を利用しようとする政府側の意向が働いていたからである。

ところが、これら外務省と在外公館とのやり取りは、外務省の暗号電報を解読した米国によって傍受され、その記録はMAGICという暗号名で呼ばれ報告されていた。そして重光電報の翌日の14日、突如『同盟通信』は業務停止を命じられた。

この業務停止に、原爆投下を利用した日本政府のプロパガンダが関係していたことは、おそらく間違いないだろう。なぜなら、MAGIC報告書ではベルンの加瀬俊一《かせしゅんいち》公使からの重光電報に対する返信に関して、わざわざ「同盟通信が業務停止になった日に発信された」と申し添えられていたからである。まさに、海外配信のみ業務停止を解かれなかった理由はここにあった。

9月17日、リスボンの森島公使は、『同盟通信』の停止によりこれ以上のプロパガンダを行うことができなくなったことを伝え、日本駐在のローマ法王庁使節に原爆の非人道性を訴えてはどうかと提案した。さらに、原爆の被害は欧米の報道で取り上げられているが、日本の残虐行為がその影を薄くしているとも述べた。結局この後、外務省と在外公館の交信停止により、海外メディアを利用して原爆投下批判を盛り上げるという計画は中止となった。

この一連のやり取りからわかるように、既に占領開始当初から、日米両者の間で非人道的行為をめぐるせめぎあいが発生していた。占領軍は日本軍の残虐行為を攻撃し、対する日本は原爆投下批判を盛り上げることで対抗しようとした。さらにそれを知った占領軍はますます日本の残虐行為を強調することになるのである。[26]

2 「ウォー・ギルト」を理解させねばならない

「日本人再方向付け政策」

これまで見てきたように、ポツダム宣言受諾から降伏文書調印、マッカーサーの東京移動と続く一連の出来事を通して、日本と占領軍の間には無条件降伏の解釈の違いから様々な軋轢が発生していた。第一次世界大戦で犠牲をそれほど払わずに勝利を手にした日本は、総力戦による多大な犠牲により戦争観の一変した欧州が、再度戦争を起こした枢軸国に対してどれほどの怒りを抱いているかについての認識が不十分であった。また保障占領という言葉が示すように、占領は短期で大きな介入もなく終了すると希望的観測で捉えていた。

これに対し、米国滞在経験があり米国の考え方を熟知している一部の日本人は、厳しい予測をしていた。占領軍進駐前に『週刊朝日』に掲載された「連合軍進駐を前にして」という対談で、ある米国滞在経験者は「ポツダム宣言の一項には日本を民主的にするというのがある。ですから教育とか文化というような面にも相当向こうから注文がつけられるということを覚悟しなければなりません」と述べている。

米国滞在経験者にとって、日米の間に横たわる大きな価値観の差が日本民主化の妨《さまた》げになると米側が考えるであろうことは、明白だった。さらに「日本に対してどういう政策を実施して来るか、いまのところわかりませんけれども、これまでわれわれが考えも及ばなかったような相当な干渉があるということを覚悟しなければならない」とも述べた[27]。

果たして彼の理解は正しかった。米国では戦時中から対日戦勝利を前提として日本占領政策の立案に取り掛かっていた。この過程で、1945年に入って議論が開始されたのが「日本人再方向付け政策」である。まさにこれこそが教育・文化に対する啓発政策であった。「日本人再方向付け政策」では、占領開始直後から日本人再教育を開始することが好ましいとされており、その方法としてはメディアを使った情報発信を推奨していた。そのうえで、米国ではなく自分たちの指導者によって同じものが発信される方が、日本国民は好感を持って受け入れ、指示に従うであろうと考えられていた。

9月2日の降伏調印式終了後、ジェームズ・バーンズ米国務長官は、次のように語っている。

日本国民に戦争ではなく平和を希望させようとする第二段階の日本国民の「精神的武装解除」はある点で物的武装解除より一層困難である。我々は日本の学校における極端な国家主義及び全体主義教育を完全に掃討するだろう。我々は農民並びに労働者のような下層階級の間に、民主主義的思想への改革を鼓吹するに必要な手段を講じ、もって彼等の日本政府における発言権を確保するように努めよう。[28]

また、ニューヨーク・タイムズ東京特派員のロバート・トランプは、9月22日に送った電報で、連合国総司令部ハロルド・ヘンダーソン少将の見解を次のように紹介している。

現在日本は我々が当り前だと思っている兆候を少しも見せていない、日本人はギリシャ式論理の基礎を持たず、したがって論理的に考えない。更に彼らはローマ法を持たず、したがって米国人にとって或ることを意味する契約が日本人には全然他のことを意味する、彼らはキリスト教的指導も民主主義的方法も持たないが、これらを吸収することはできる。[29]

日本人の思想、考え方は我々とは異なり、これを根本的に変えなければ民主主義は根付かない、そのために再教育が必要である。こうした考えが既に占領軍の間で共有されていた。ただしこの時点で日本人再教育は決定事項であったものの、軍国主義思想を排して民主主義思想を啓蒙するというおおざっぱな方向性が議論されていただけで、詳細までは踏み込まれていなかった。当然「ウォー・ギルト」なる語は見られない。

「ウォー・ギルト」の登場

現在確認されている限り、「ウォー・ギルト」なる語が最初に登場するのは、占領開始直後、9月8日の占領軍司令部報告書においてである。この報告書は、日本では議会で敗戦の原因と責任ばかりが追及されていること、東久邇宮稔彦首相が「過去にさかのぼって誰かの責任を問うことは意味がない」と答えたこと、日本国民は長い間、満州事変から真珠湾攻撃に至る戦争の過程を自衛のためと理解させられてきたこと、捕虜虐待は一切報じられていないことなどを引き合いに出し、日本人の「ウォー・ギルト」認識の欠如を指摘した。

同じ頃、マッカーサーの副官であったボナー・フェラーズは、情報発信の必要性を説き、次のような提案をマッカーサーに行っている。[30]

・日本国民に彼らの戦争責任、彼らの関わった残虐行為、彼らの「ウォー・ギルト」について知らせる。
・日本人の敗戦の事実を明確にする。

ここで「ウォー・ギルト」と「戦争責任」が並列で書かれていることから、「ウォー・ギルト」は戦争責任とは別の意味を持っていることがわかる。同様に「戦争犯罪」も「ウォー・ギルト」とは別立てで書かれているため、「ウォー・ギルト」は「戦争犯罪」とは別の意味あいが強いことになる。

この後、米軍関係者からも日本人の罪の意識のなさに関連した発言が続く。コレヒドール要塞の司令官であったウェインライト将軍は「日本人は、彼らが蹂躙《じゅうりん》した諸国家の無数の国民に対して、彼らがなしきったところの罪を悲しんでいない。また米兵に対して加えた拷問を悲しんではいない。彼らは彼らが信奉する哲学に従って行動したまでであるから悲しむことはないわけだ」と演説した。[31] 政治顧問部ジョージ・アチソンは、「日本人の反応として、通常なら感じるはずの普遍的な罪の意識や羞恥心（a universal sense of guilt or shame）は伴っていない」と国務省に報告した。

「なぜ、これだけの行為をして贖罪《しょくざい》意識を持たないのか」。米側にはこうした疑問が渦巻いていた。この状況は、日本占領を成功させた後に大統領選出馬を目論《もくろ》むマッカーサーにとって早急に解決しなければならない問題となっていく。

占領統治の裁量権をマッカーサーに委ねることは既定路線であったとはいえ、終戦時ワシントンでは、天皇制廃止を含む急進的な改革路線を主張する親中派のジェームズ・バーンズ国務長官が実権を握っており、必ずしもマッカーサーが主導権を握っていたわけではなかった。マッカーサーの甘さは、占領のための兵士は20万人で足りると述べたことにも表れており、この発言に対しては、国務省だけではなく、米国内世論も厳しい目を向けていた。米陸軍機関誌『スターズ・アンド・ストライプス』に加えて『ニューヨーク・タイムズ』なども、マッカーサーの政策に対し、甘いと批判を行った。[32] また、ディーン・アチソン国務次官は、マッカーサーが政策の決定者ではないとの声明を発表した。

陸軍省副官であった美山要蔵《みやまようぞう》は、占領軍が米国世論を相当気にしていた様子を記している。[33] 米国国務省に対し優位を保ちたいだけでなく、大統領選出馬を目論んでいたマッカーサーが、米国内世論を無視できなかったのは、ある意味当然のことかもしれない。

9月21日付のストックホルム岡本公使の電報は、日本占領軍の兵力は20万をもって足るべしとのマッカーサー声明が米国内において問題となっていることを伝えた。日本政府はマッカーサーに対して米国内で批判があることを知り、一方で米国も、日本政府と在外公館の暗号電報を傍受していたことで、日本側がこうした動きを察知していたことを知った。

マッカーサーにとっては、この状況が好ましいわけはなく、一刻も早い自身の主導権確立と占領成功への布石を打つことが重要であり、そのために何らかの策を講じる必要性が浮上した。

「ウォー・ギルト・プログラム」開始へ

一般的にはあまり知られていないが、GHQはマッカーサー到着とともに活動を開始したわけではない。当初は米陸軍が日本占領を実施していた。その米陸軍で情報政策を推し進めた部署が、フェラーズを長とする陸軍情報頒布局である。情報頒布局は戦時中に対日心理作戦（第2章参照）に関わっていたメンバーによって構成され、9月23日に民間情報教育局へと衣替えされた。そして10月2日にGHQが発足すると彼らの大半はGHQ民間情報教育局（CIE）の一員として活動を開始することになる。

先述のように、日本人に意識改革を促すことは、既にワシントンでの占領政策策定過程でも打ち出されていた。その任務を担うことになったのがCIEである。局長には、フェラーズではなく、戦時中に陸軍情報教育部で米兵に日本人捕虜の取り扱いを教えていたケネス・ダイクが就任することになった。

CIEの任務は、その設立指令によれば、教育制度改革、宗教改革、メディア指導、世論調査の勧告と指導、日本国民への情報政策となっている。端的に言えば日本人に意識改革を促すための司令塔である。ＣＩＥ設立指令では、項目ごとに詳細が示されており、その中に次のような一文がある。

すべての階層の日本人に、彼らの「敗戦の真実」、彼らの「ウォー・ギルト」、現在および将来の日本の苦境に対する軍国主義者の責任、連合国による軍事占領の理由と目的を、周知させる。

この項目に従って、日本人に「ウォー・ギルト」を理解させるための情報教育政策である「ウォー・ギルト・プログラム」が開始されることになった。ＧＨＱ月報には、「ウォー・ギルト」について次のように説明がなされている。

占領軍が進駐した当時、日本人の間では「ウォー・ギルト」に関する意識が希薄であった。戦争を開始した理由、敗れた理由、兵士による虐殺を知らず、贖罪意識（Feeling of moral culpability）がほとんどなかった。日本が敗けたのは単に産業と科学の劣勢、そして原爆投下のせいだと広く信じられていた。停戦を発表した「終戦の詔書」では、日本の戦争開始の目的を再確認していた。これをこのまま放置していたのであれば、将来的に再度の侵略戦争を正当化する理由を与えてしまうとの危惧があった。

報告書では、こうした意識を是正するため、フィリピン・マニラでの住民虐殺行為の発表がなされ、「太平洋戦争史」の連載が計画されていると続いている。

「ウォー・ギルト」における道義的側面

GHQ月報から明らかになったことは、「ウォー・ギルト・プログラム」のきっかけの一つとして日本人の贖罪意識の欠如が関係していたことである。ここで、贖罪意識の原文にmoralという語が使われているのは、情報発信が日本国民全体を対象としていたからに他ならない。米国は当初から捕虜虐待をはじめとする日本軍の残虐行為を重視しており、こうした行為をした者を裁判にかけることをポツダム宣言で通告していた。これはジュネーブ条約違反という法的な責任である。一方で日本国民、即ち実際に行為をしたわけではない一般の人々に法的な責任はない。しかし米国は彼らにも道義的な責任があると考えていた。

では、日本人はそれほど残虐でかつ道徳心がないのか。逆にそれほど西欧人は道徳心が高いのだろうか。答えは明らかだ。第二次世界大戦におけるドイツの残虐行為はつとに有名である。ユダヤ人虐殺だけでなく、「絶滅戦争」と捉えていた対ソ戦におけるソ連住民やソ連軍兵士への虐殺行為は日本に引けを取らない。米兵もしばしば投降しようとした日本兵を虐殺している。人間は集団心理や戦場における異常心理および高揚感、民族蔑視、憎悪など様々な要因が重なると、時として考えられないほど残虐な行為を犯す。決して日本人だけが残酷なわけではない。

ただし、秦郁彦《はたいくひこ》や半藤一利《はんどうかずとし》によれば、日本兵の残虐行為は堂々と行われたという点において連合国のそれと異なっていた。[34] 連合国の場合、発覚すればそれが形式的な軽いものとはいえ、一応処罰を加えられた。これに対し日本は、処罰どころか、ある意味軍命によって残虐行為がなされていたのである。[35] つまり日本の残虐行為の根幹は、軍隊の構造や社会の在り方にあるということになる。

「敗戦の事実」とセットになった「ウォー・ギルト」

「ウォー・ギルト・プログラム」の開始理由で、もう一点注目したいのが、先にも記した「戦争を開始した理由、敗れた理由、兵士による虐殺を知らず、贖罪意識がほとんどなかった。日本が敗けたのは単に産業と科学の劣勢、そして原爆投下のせいだと広く信じられていた」の部分である。

「戦争を開始した理由」を知らないことが占領軍にとって許容できないのは理解できる。日本側が考えるアジア解放のための自衛戦争という戦争正当化の理由を是正しなければ、再度の戦争につながる可能性を否定できない。にもかかわらず、「終戦の詔書」で戦争目的を自存とアジアの安定のためとしていたことは、許されざるべきものと占領軍は考えた。そのため、戦争がなぜ開始されたのかを示さなければならないと考えるのは当然のことだ。

他方、敗けた理由を科学の劣勢、原爆投下のせいと日本側が考えるのは、なぜ米国にとって都合が悪いのだろうか。米国は日本の敗戦の理由を、軍部の間違った戦略に置いていた。敗けた理由を軍部に置かなければ、こちらも再度の軍国主義の台頭につながる恐れがある。軍国主義の排除は、日本占領目的の一丁目一番地だ。また、科学の劣性や原爆投下で敗れたのであれば、科学が発達すれば今度は敗けないと日本国民が考える可能性もある。

ここでＣＩＥの任務に「敗戦の真実」を知らせるという文言が入っていることを思い出してもらいたい。もともと情報頒布局に入れられた言葉は「敗戦の事実（fact）」（Ｐ62参照）であったが、これが「敗戦の真実（true facts）」に変わっている。事実は一つであるが真実は複数で主観も入る。その複数の真実とは、GHQ月報にあるように、科学の劣勢や原爆投下によって日本が敗れたのではなく、軍部の戦略のまずさによって敗北したことを指している。問題は、「敗戦の真実」を伝えることが「ウォー・ギルト」と常にセットになっていることだろう。

日本人は、頭では「敗北」を理解しつつも、実感はできていなかった。「終戦の詔書」では、相変わらず自存自衛とアジア解放を掲げている。さらに、軍事的に完全敗北しているにもかかわらず、原爆投下や科学の劣勢で敗けたと信じている。マニラ市民を虐殺したにもかかわらず「信じられない」と言う。捕虜虐待の事実を知らずそれに向き合わないだけでなく、何が悪いのか全く理解していない。無条件降伏にもかかわらず占領軍に様々な要望を突き付ける。占領軍の目には、「敗けたにもかかわらず」こうした無邪気な態度をとることが許せない、一言で言えば「忌々《いまいま》しい」と映ったのではないか。

日本人は米国にとって異質の存在であった。ドイツ人に対する再教育政策では宗教教育に重点が置かれた。つまり、ドイツ人は異質な存在ではなく自分たちと同質であるが、宗教心の欠如ゆえに残虐行為を犯したと考えられていた。対して日本人は、後にマッカーサーが議会で語ったように12歳の子どもであり、改めて教育し再方向付けを行わなければならないと考えられていたのである。そのうえで、敗戦したにもかかわらず日本政府が抵抗を続けたこと、人々の残虐行為に対する贖罪意識のなさなど、占領軍にとって予想外のことが起こった。そして、それを解消する手段の一つとして突如「ウォー・ギルト」を理解させることが浮上した。こうしてみると、「ウォー・ギルト・プログラム」は、占領初期の特殊な状況下で、かなり主観的な側面を持って開始されたことがわかる。

1 新井俊一郎『軍国少年シュンちゃんのヒロシマ日記』２００９年、71頁（非売品）
2 筆者による新井俊一郎へのインタビューによる（２０２０年11月実施）。以後、新井の発言はこのインタビューによる。
以降、新井の心情についてはすべてインタビューをもとにした記述である。
3 井上太郎『旧制高校生の東京敗戦日記』平凡社新書、２０００年、１８３-１８５頁
4 高見順『敗戦日記』中公文庫、２００５年
5 佐藤卓己『八月十五日の神話』ちくま新書、２００５年、16頁
6 多湖淳『戦争とは何か』中公新書、２０２０年、１１３-１２３頁
7 『朝日新聞』１９４５年8月25日
8 日本本土に投下された宣伝ビラについては一ノ瀬俊也『宣伝謀略ビラで読む、日中・太平洋戦争：空を舞う紙の爆弾「伝単」図録』柏書房、２００８年、が詳しい。

9　内政史研究会『鈴木九萬氏談話速記録』内政史研究資料第171、172、173、174、175集、1974年
10　思想の科学研究会編『日本占領研究事典』現代史出版会、1978年
11　内政史研究会前掲資料、1974年、111-112頁
12　重光葵『昭和の動乱』中央公論社、1952年、下巻301頁
13　五百旗頭真『米国の日本占領政策：戦後日本の設計図』下巻、中央公論社、1985年、254頁
14　今西光男『占領期の朝日新聞と戦争責任：村山長挙と緒方竹虎』朝日新聞社、2008年、56頁
15　「鈴木九萬日記」（内海愛子氏所蔵）1945年9月10日
16　当時日本国内では捕虜のことを俘虜と呼び、その収容所を俘虜収容所とされていたため、本書では俘虜収容所との名称を用いる。
17　ジョン・ダワー　斎藤元一訳『容赦なき戦争―太平洋戦争における人種差別』平凡社、2001年、104-105頁
18　同右、114頁
19　以上については内海「鈴木九萬日記」および内政史研究会によるインタビューを参考にした。
20　藤田信勝『敗戦以後日記』リーダーズノート、2011年、78頁
21　森正蔵『あるジャーナリストの敗戦日記1945～1946』ゆまに書房、2005年、63頁
22　粟屋憲太郎編『資料日本現代史2　敗戦直後の政治と社会①』大月書店、1980年、168-170頁、178頁、207-210頁

23 『朝日新聞』1945年9月17日
24 森恭三『私の朝日新聞社史』田畑書店、1981年、44頁
25 前掲書森正蔵、63頁
26 ここで紹介した電信は外務省外交文書で公開されているが、重光葵が発信した原爆投下を利用したプロパガンダに関する電信は公開されていない。これに関しては米国立公文書館史料「MAGIC」を参照した。
27 『週刊朝日』1945年8月26日号、10頁
28 『朝日新聞』1945年9月4日
29 『朝日新聞』1945年9月26日
30 Iguchi Haruo. "Bonner Fellers and U.S-Japan Relations, June1945-June1946." 上智大学『アメリカ・カナダ研究』20、2003年、65頁
31 『朝日新聞』1945年9月16日、9月27日
32 吉田健正「太平洋版星条旗：解説」『The stars and stripes：U. S. Armed forces Daily：in the Pacific Ocean areas』文生書院、2008年、12頁
33 『美山要蔵終戦日誌』防衛省防衛研究所史料閲覧室所蔵
34 半藤一利ほか『「BC級裁判」を読む』日経ビジネス人文庫、2015年、66頁
35 もっとも、命令と言っても、文書によって行われたのではなく、口頭で、しかも「適当に処置せよ」というあいまいな言葉で行われた。もちろん軍隊内では「適当に処置せよ」は処刑を意味しており、こ

れにより裁判なしで捕虜の処刑が実行された。

第2章

戦争の真実が知りたい

―「ウォー・ギルト・プログラム」第一段階―

1 「対日心理作戦」と「ウォー・ギルト」

「ウォー・ギルト」を推進したスミス

「ウォー・ギルト・プログラム」の旗振り役となったのが、前章でも登場したブラッドフォード・スミスである。その存在は日本ではほとんど知られていないが、いったいいかなる人物であったのだろうか。まずは、彼の人物背景と彼が携わった「対日心理作戦」について紹介したい。

ブラッドフォード・スミスは、1909年にマサチューセッツ州に生まれ、コロンビア・カレッジで言語学を、続いてコロンビア大学で英文学および比較文学を専攻した。卒業後の32年に来日し、立教大学や東京大学で英語および英文学の講師として教鞭《きょうべん》を執った経験がある。36年に米国へ帰国後、コロンビア大学やベニングトン大学で教鞭を執った後、42年から米国戦時情報局に勤務し、対日心理作戦に従事した。[1]

対日心理作戦とは、日本軍の戦闘意欲を低下させ降伏を促すために戦時中に実施された作戦である。具体的にはラジオでのプロパガンダ放送や戦場での宣伝ビラ投下などが挙げられる。ただし兵士はラジオを聞くことができなかったため、ラジオ放送は日本政府や軍上層部向けで、兵士向けには宣伝ビラが中心となった。2022年に起きたロシアによるウクライナ侵略ではSNSによる情報戦が注目されたが、宣伝ビラはまさにこの情報戦の元祖ともいえるものである。

対日心理作戦は、戦争開始直後から各戦闘地域で個別に行われていたが、戦況が日本軍に不利な状況になるに従い日本軍の抵抗も大きくなっていった。そのため、フィリピン戦を前にしてより効率的な作戦が必要とされた。この要請から陸軍に設立されたのが、ボナー・フェラーズ率いる心理作戦部である。こうして対日心理作戦は、フェラーズ率いる米陸軍心理作戦部とスミスの所属する戦時情報局とが協力して行われることになり、スミスはチェスター・ニミッツ提督の指揮の下、ハワイで宣伝ビラ作成に専念することになった。宣伝ビラは、投降を呼びかけるもの、真の戦闘状況を知らせるもの、軍部を非難するものなど様々な内容のものが散布され、サイパン陥落後は日本本土でも散布された。

対日心理作戦では、天皇・国民と軍部の間に楔《くさび》を打ち込むことが方針として示され、宣伝ビラにも反映された。こうした方針は、捕虜からの聞き取りや、それまでに米国が進めてきた日本人研究などを基に議論を重ねて導き出されたものだった。また「真実」を発信する

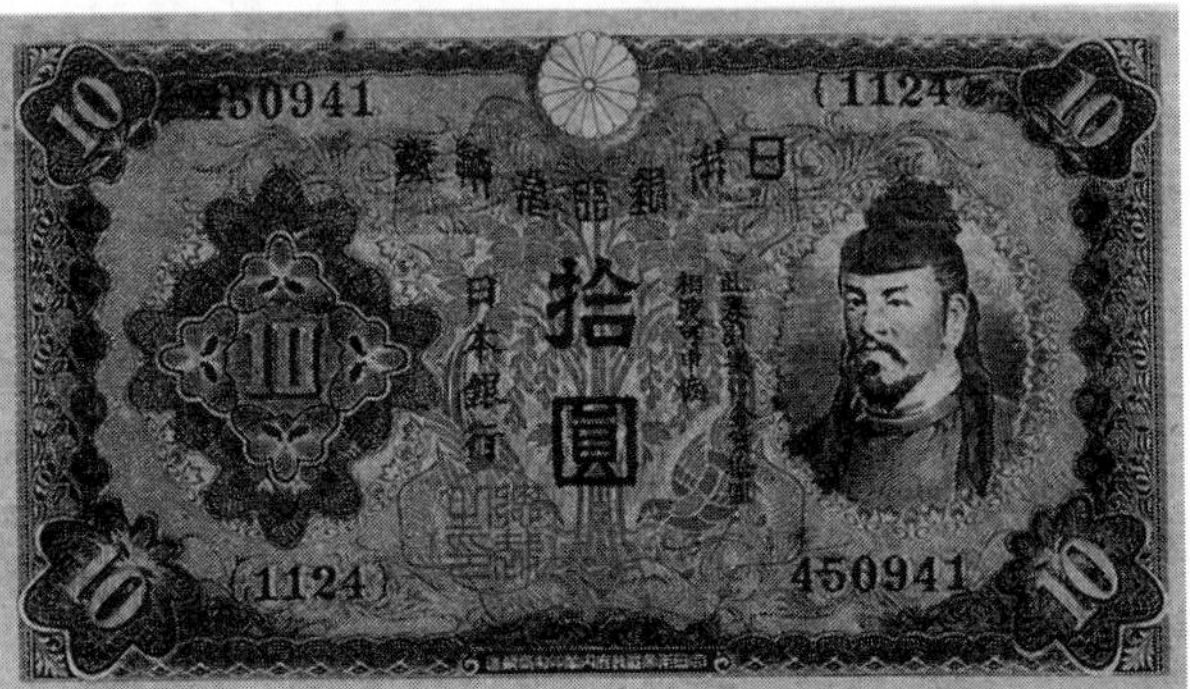

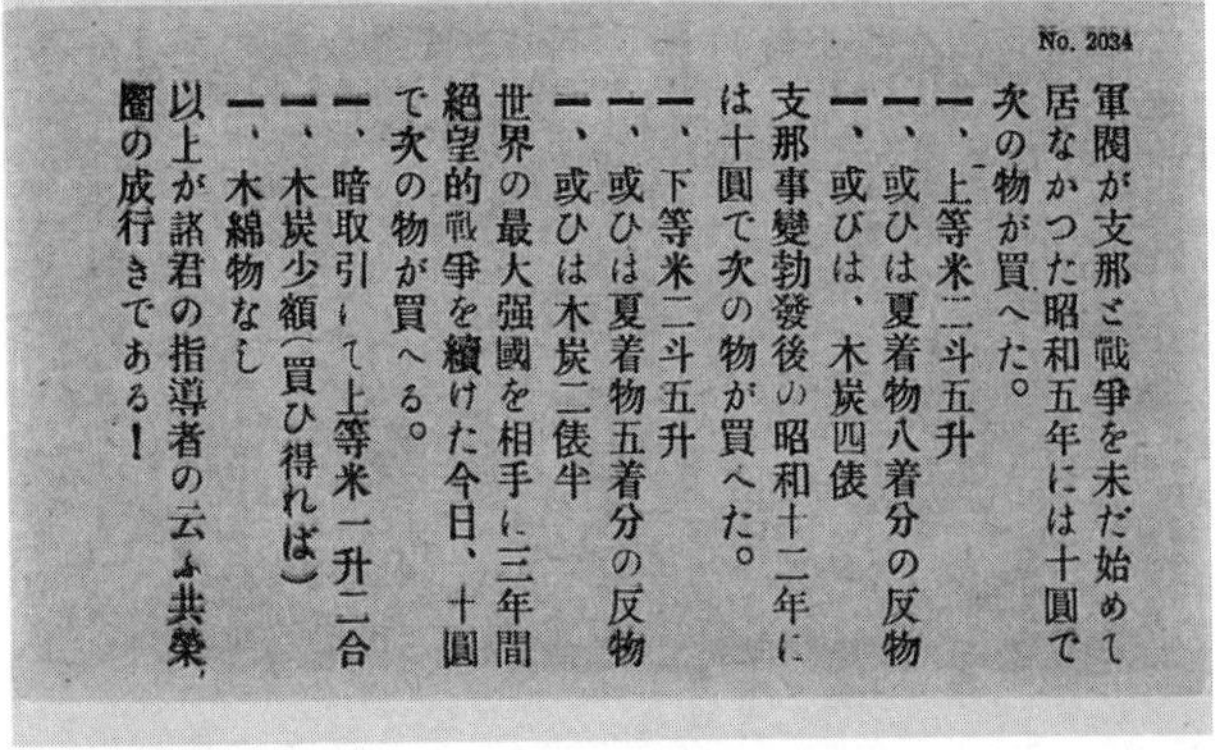
No. 2034

軍閥が支那と戰爭を未だ始めて
居なかつた昭和五年には十圓で
次の物が買へた。
一、上等米二斗五升
一、或ひは夏着物八着分の反物
一、或ひは、木炭四俵
支那事變勃發後の昭和十二年に
は十圓で次の物が買へた。
一、下等米二斗五升
一、或ひは夏着物五着分の反物
一、或ひは木炭二俵半
世界の最大强國を相手に三年間
絕望的戰爭を續けた今日、十圓
で次の物が買へる。
一、暗取引して上等米一升二合
一、木炭少額(買ひ得れば)
一、木綿物なし
以上が諸君の指導者の云ふ共榮
圈の成行きである！

日本本土で撒かれた宣伝ビラ
表は十円札のため、人々はこぞって拾ったという。裏には、現在十円で購入できるものが書かれており、戦争が始まってからいかに庶民の暮らしが逼迫したのかがわかる。現在のメディアやSNSを中心とした情報戦と違って効果は限定的であったようだが、人々の口から口へと伝えられたことで、約半数の日本人は、宣伝ビラについて、見たり聞いたりしたことがあると答えている。平和祈念展示資料館所蔵ことも重要視していた。プロパガンダには発信源を隠して行うものと発信源を明らかにして行うものの二通りがあるが、対日心理作戦は後者であったため、虚偽の情報を発信すればその後の情報発信への信頼が薄れるからである。

必ずしも宣伝ビラの効果とまではいえないが、戦闘の激化に伴い日本軍兵士の投降が増加したことは事実である。中には宣伝ビラを手に投降する者や部隊ごと投降する者も出てきた。戦後の聞き取り調査でも、日本本土への宣伝ビラの効果について認める発言が相次いだ。敗戦後に明らかになった事実は米軍の宣伝ビラに書かれている通りであったため、米国の言うことを信じるようになったという者もいれば、昭和天皇の側近であった木《き》戸《ど》幸一《こういち》のように、天皇の終戦の決断の裏には、国民がビラによって真の戦闘状況を既に知っているゆえ終戦を理解してくれるとの判断があったといった、重大な発言をする者さえいた。

こうした発言はあくまで主観であり、また時の権力者であるGHQに忖度する力が働いたともいえなくもない。だが、少なくとも対日心理作戦に関わったスタッフにとって、宣伝ビラは成功体験となった。そしてスミスも含めて、この成功体験を持ったメンバーが占領開始後にCIEで日本人の思想改革に関わることになる。その意味で「ウォー・ギルト・プログラム」をはじめとする情報教育政策は対日心理作戦の延長といえるだろう。

スミスは軍人ではなかったが、対日心理作戦に携わっていたことに加え、日本滞在経験があることから、占領開始後直ちに来日し占領政策に携わることになった。そして10月2日のGHQ発足後、CIEの政策実行において司令塔となる部署、CIE企画作戦課長に就任する。

「思想の自由」キャンペーン

スミスはもともと、言論弾圧こそが日本が戦争に至った最大の原因だと考えていた。スミスが作成し、ニューデリー、重慶などの日本占領地域に撒《ま》かれたビラでは、国民は自由主義者を支持していたが、軍部の圧迫に押されて意思とは反対の戦争への道に進むことになったと説かれ、真の自由は、日本の軍部が壊滅され米国が勝利を得ることのみによってもたらされると書かれている。[2] 戦時中に書かれたスミスの論文でも同様の記述があり、言論弾圧諸法令を撤廃することこそ日本が正しい道に進む唯一の方法だと考えていたことがわかる。[3]

スミスとともに「ウォー・ギルト・プログラム」に取り組むことになったアーサー・ベアストック大尉も同様の考えを持っていた。ベアストックは元新聞記者で、一説には共産主義者であったと言われている。その信ぴょう性については確認できないものの、かなりの急進改革思想を抱いた人物であり、また言論弾圧に対して厳しい目を持っていたことは確かである。

彼ら二人がＣＩＥで最初に推し進めたのは「思想の自由」キャンペーンと「ウォー・ギルト」キャンペーンであった。天皇自らの「終戦の詔書」の放送によって武装解除がスムーズに進んだことで、ラジオの効用を再確認したＣＩＥ局長のケネス・ダイクは、ラジオを直接統制下に置いたため、スミスとベアストックもラジオを活用してキャンペーンを推し進めていくことになった。

占領軍に対して日本側が様々な抵抗を試みたことは前章で述べた通りであるが、ＧＨＱが発足した後も水面下では密かに抵抗が継続していた。10月15日に赤羽譲情報局次長がＮＨＫを訪れ、民主化促進のための番組出演者の履歴および脚本の提出と、急激な民主化番組の排除、さらに天皇退位の可能性について控えめな放送を求めた。

政府側の抵抗だけでなく、情報発信のための写真・映画映像・本といった資料不足もスミスにとって悩みの種であった。真実が真実と理解されるためには、こうした資料の提示は欠かせない。しかしながら、資料が思うように手に入らなかったことで、結局、個人の発信力に頼ることを決断し、自由主義者による発言を通じて啓蒙を行うことを計画した。

自由主義者の活用には別の側面もあった。スミスとダイクは、自由主義者は安全に公の場で発言ができるかどうか、CIEの行方を見守っていると感じていた。さらに治安維持法のような、これまで日本を抑圧していた諸法令が撤廃されたにもかかわらず、自由主義者が思うように台頭できない。こうした状況を打破するために、「思想の自由」キャンペーンの一環として、10月17日からラジオ番組『自由主義者の話』が、22日から『出獄者に聞く』が開始された。

『出獄者に聞く』の出演者は、志賀義雄《しがよしお》をはじめとして全員が共産主義者で、彼らの宣伝番組の様相を呈していた。当然、戦前には弾圧対象であった共産主義者を積極的に活用することに対し、日本側は苦々しく思っていた。これに対しスミスは、抵抗する保守派に対抗するために、あえて共産主義者を活用したと述べている。彼らを活用することで、自由主義者に対するCIEの立ち位置を示すと同時に、彼らが公に発信しても罰せられないことを示し、抵抗する政府関係者への対抗策となることを狙ったのである。

「ウォー・ギルト」キャンペーン

もう一方の「ウォー・ギルト」キャンペーンは、「歴史シリーズ」(history series)と

「残虐シリーズ」（atrocity series）の二本柱を中心として展開された。「残虐シリーズ」の中で最も頻繁に報告されているのは、「フォト・ファクト（Foto Fact）」なる名称の写真集である。この「ファクト（Fact）」とは直訳すれば「事実」であり、これらはおそらく戦争で起こった事実、つまり残虐行為を暴く目的で計画されたものであろう。マニラに「残虐シリーズ」のための写真を要求していることから、マニラで行われた住民虐殺などの写真が掲載される予定であったようである。

スミスは「南京虐殺」に代表される日本軍の残虐行為に対して激しい怒りを持つとともに、なぜあのような残虐な行為を犯すのか疑問を抱いていた。真珠湾攻撃後の１９４２年に寄稿した論考では、勤勉で礼儀正しく家族を大切にする日本人が、なぜ「南京虐殺」のような残虐な行為を犯すのかを論じている。[4] スミスが真っ先に残虐行為の暴露に取り掛かった背景には、戦時中から抱いていた日本軍に対する不信感があったのである。

残虐行為の暴露の計画の中には、上官からの暴力を記した日本兵の日記の出版など、日本人に対する非人道的行為が含まれていた。これは対日心理作戦でもたびたび議論されていた「日本人に対する罪」を反映したものである。対日心理作戦では、部隊内での下級兵士がいかに非人道的に扱われているのかが共有されており、こうした実態を表したビラを制作する

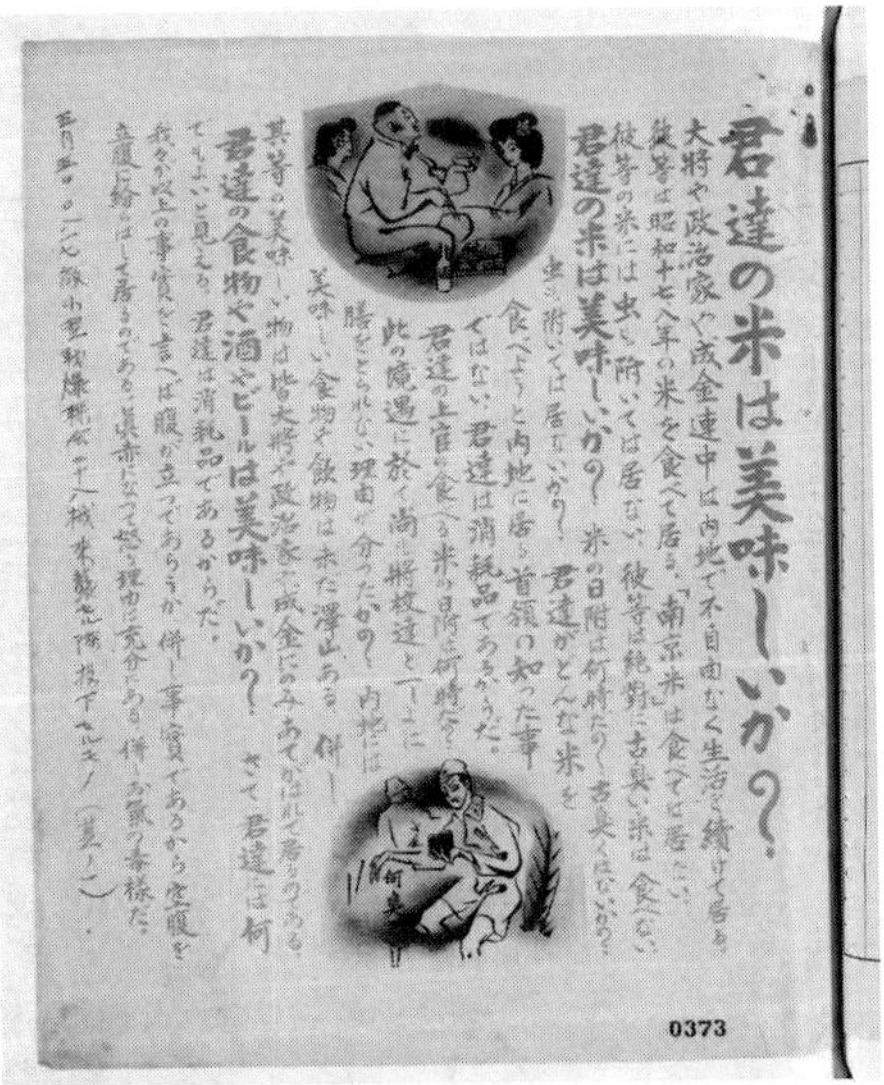

君達の米は美味しいか？

大将や政治家や成金連中は内地で不自由なく生活を続けて居る。
彼等は昭和十七八年の米を食べて居る。「南京米」は食べては居ない。
彼等の米には虫も附いては居ない。彼等は絶対に古臭い米は食べない。
君達の米は美味しいか？　米の日附は何時だ？　古臭くはないか？
虫が附いては居ないか？　君達がどんな米を
食べようと内地に居る首領の知った事
ではない。君達は消耗品であるからだ。
君達の上官の食べる米の日附は何時だ？
此の境遇に於て尚も将校達と一しょに
勝をとられない理由が分ったか？　内地には
美味しい食物や飲物は未だ沢山ある。併し
其等の美味しい物は皆大将や政治家や成金にのみあてがはれて居るのである。さて君達には何
君達の食物や酒やビールは美味しいか？
でもよいと見える。君達は消耗品であるからだ。
我々が以上の事實を言へば腹が立つであろうか。併し事實であるから空腹を
立腹に紛はして居るのである。真赤になって怒る理由に充分なる。併しお気の毒様だ。

0373

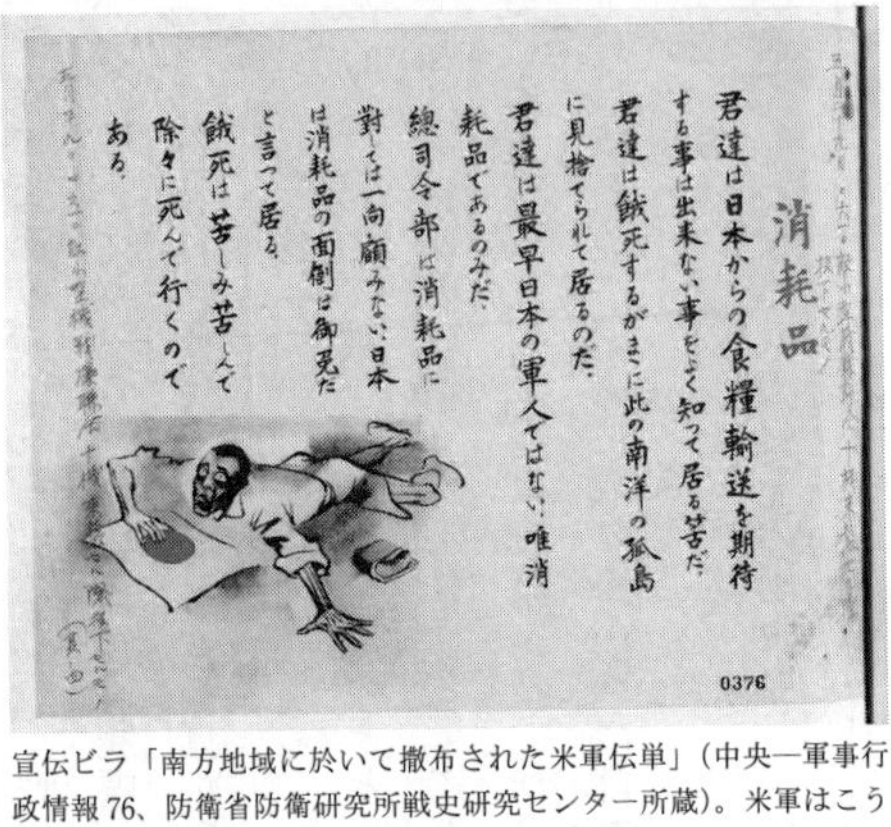

消耗品

君達は日本からの食糧輸送を期待
する事は出来ない事をよく知って居る筈だ。
君達は餓死するがまゝに此の南洋の孤島
に見捨てられて居るのだ。
君達は最早日本の軍人ではない。唯消
耗品であるのみだ。
總司令部は消耗品に
對しては一向顧みない。日本
は消耗品の面倒は御免だ
と言って居る。
餓死は苦しみ苦しんで
除々に死んで行くので
ある。

0376

宣伝ビラ「南方地域に於いて撒布された米軍伝単」（中央—軍事行政情報 76、防衛省防衛研究所戦史研究センター所蔵）。米軍はこうした宣伝ビラを戦場で散布して日本兵の士気低下を狙った。こうしたビラはサイパン陥落後、日本本土でも散布された。

など、日本軍兵士の士気低下に利用していた。

つまり、対日心理作戦で得られた経験が、このプログラムに活かされていることになる。と同時に、やはり「ウォー・ギルト」は、国際法違反といった法的な観点ではなく、道義的な観点からも捉えられていたことがわかる。

この動きに連動して、日本軍隊内部での兵士に対する非人道的行為を、外地からの引揚者が語った記事がしばしば新聞に掲載されるようになった。貴族院議員を経て言論人、歴史家として活躍し、戦前の言論界において戦争鼓舞のけん引役としての役割を果たした徳富蘇峰《とくとみそほう》は、当初ＧＨＱの発表する「マニラの虐殺」に対し、次のように日記に不快感を記した。

「戦争そのものが、公然たる殺人免許の舞台である。それを彼是いう筈はない。人殺しはお互い様だ。これを蛮行といえば、米国は更に、より以上の蛮行をしている筈だと」

ところがこの後、「司令は妾を連れ込み　副官〃横流し〃に狂奔」「わが軍と別れて地獄脱出の思い　船中で聴く〃比島暴状〃」といった引揚者による現地日本軍の蛮行記事を目にしてからは、「米人の宣伝を裏書するばかりでなく、更にシンニュウ（原文ママ）を掛けたるものがある。これでは全く米人のいうた事が、真実である」と考えが一変した[5]（1945年12月15日の日記）。

山下裁判へのこだわり

スミス自らが積極的に企画して記事やラジオ番組を利用した情報発信を続ける中、CIEにとって最も関心の高い、フィリピン方面軍司令官山下奉文《やましたともゆき》大将を裁く軍事法廷が1945年10月18日にマニラで開廷した。9月早々に「マニラの虐殺」の記事を新聞に掲載させたことからもわかるが、米国は彼らの目の前で行われた「マニラの虐殺」に対し相当な怒りを持っていた。

山下はシンガポールを陥落させた時に、英国のアーサー・パーシバル将軍に対し「イエスかノーか」と降伏を迫ったという逸話で知られ、日本人にとっては英雄であったが、米国にとってはマッカーサーを追い出した憎き将軍である。山下はシンガポールを陥落させた後、フィリピンのコレヒドール要塞をも陥落させ、その結果マッカーサーは一時的にオーストラリアに逃亡せざるを得なかった。その時に発した有名な言葉が「I shall return（必ず戻ってくる）」である。その後米国の植民地であったフィリピンが日本軍に占領され傀儡《かいらい》政権まで打ち立てられたことは、マッカーサーにとって屈辱以外の何物でもなかっただろう。

　マッカーサーが山下をいかに憎んでいたのかは、マッカーサーが持っていた資料の「Yamashita」の部分を荒々しく丸で囲んであったことや、山下裁判に早く判決を出すように介入したことなどからも明らかである。[6]　対日心理作戦会議でも、日本人はなぜ山下を英雄視するのか、山下が最終的に敗れたことを知らされていない捕虜がいるのは信じられないなど、山下に対する敵意がむき出しにされていた。敵意というより、日本人が山下を英雄視していることに対し苦々しく思っていたという方が正しいかもしれない。

山下奉文（1885-1946）

　ＣＩＥは、人々の山下に対する好意的な感情を理解していたため、それを改めさせる必要性を感じていた。そこで裁判前に、山下自身が述べた、マニラでの戦闘に敗れた理由を公表した。この発表によれば、山下はマニラでの敗因を、フィリピン現地人の離反や急遽編成された日本人部隊の未熟さ、さらには他の将校に帰していた。これがどこまで山下の発言通りかは不明であり、ＣＩＥ

によって切り取りがなされた可能性も考えられるが、そう考えるのが自然なほどCIEにとって都合の良い、山下を貶《おとし》めるには充分な内容であった。この発表は10月14日の各紙に掲載された。

CIEが山下裁判を重要視した背景には、米国側の怨念だけでなく、指導者責任観を確立することで軍国主義者に罪を負わせることが容易になるとの判断があった。指導者責任観とは、ある国家の行動が否定的評価を受ける場合、その行動の責任を国家の指導者に求め、したがって指導者に不利益を科すという考えである。[7]

マニラでの虐殺行為は敗戦まで日本で報道されていなかったことに加え、山下が直接指揮する部隊が犯したものではなく、遠く離れて指令系統が異なる（と山下側が主張する）部隊が犯したものだった。しかし、この虐殺行為は単なる一部隊でなく国家全体の罪であり、その司令官であった山下の罪であることを受け入れさせることで、軍国主義者の罪につながる。つまり指導者責任観を立証し、それを国民が受け入れることは、「ウォー・ギルト・プログラム」を推進するCIEにとって重要な達成課題でもあった。

2　「太平洋戦争史」

スミスの置き土産

　スミスは「残虐シリーズ」と並ぶ「歴史シリーズ」の一環として、ＣＩＥ発足当初から「太平洋戦争史」の執筆を進めていた。「太平洋戦争史」は、これまで日本国民が知らされていなかった戦争の真実を明らかにすることを目的とした、満州事変から終戦までの経緯を書いた戦争史である。同時並行で「マニラの虐殺」を記した「マニラの悲劇」、さらには「太平洋戦争史」を補うための、日本軍の残虐行為の記事５本の執筆も進んでいた。

「太平洋戦争史」は、10月17日の日報で、既に10章までが完成稿に近い形になったことが報告されている。これほど早く執筆が進んだのは、「太平洋戦争史」の半分以上が真珠湾攻撃後の戦闘状況であり、また戦争開始までの経緯の半分は、１９４２年に作成された米国国務省編纂の『平和と戦争』を転用したことによる。後半部の戦闘状況は米軍の記録を基に、参謀第三部の監修の下で作成された。戦闘状況に半分以上を費やしていることから、スミスの知らしめたかった戦争の真実とは、なぜ戦争を始めたのか以上に、なぜ敗けたのかであったことがわかる。また「南京虐殺」や「バターン死の行進」（※）などの残虐行為にも相当数のページが割かれている。

スミスによって書かれたオリジナルは「太平洋戦争史」全体の1／3にすぎない。しかも、そのオリジナル部分に関しても、日本人の協力者がいたようである。CIE日報にはその旨が記されているが氏名が書かれていないため、現在のところそれが誰かは判明していない。あくまで推察にすぎないが、一般には知られていなかった日本の詳しい政治状況に触れていることから、協力者は新聞記者の可能性が高い。

とはいえ、もちろんそこにはスミスの思想が色濃く反映されていた。ではいったい「太平洋戦争史」でスミスが強調したことは何か。それは「序言」に集約されている。

> 日本の軍国主義者が国民に対して犯した罪は枚挙に暇がないほどであるが、そのうち幾分かは既に公表されているものの、その多くは未だ白日の下に曝されておらず、時のたつに従って次々に動かすことの出来ぬような明瞭な資料によって発表されていくことになろう。これらの戦争犯罪の主なものは軍国主義者の権力濫用、国民の自由剥奪、捕虜及び非戦闘員に対する国際慣習を無視した政府並びに軍部の非道なる取扱い等であるがこれらのうち

何といっても彼らの非道なる行為で最も重大な結果をもたらしたものは「真実の隠蔽」であろう。

このように始まる「序言」は次のように締めくくられる。

今や、日本国民が今次戦争の完全なる歴史を知ることは絶対に必要である。日本国民はこれによって、如何にして敗れたか、又何故に軍国主義によってかかる悲惨な目に遭わねばならぬかを理解することができよう。

江藤淳は、「太平洋戦争史」は日本の歴史記述のパラダイムを規定したとし、そのパラダイムとは、戦争が侵略戦争であったことを示唆している。しかし、この「序言」からわかることは、戦争が侵略であったか否かというより、戦争の加害者を軍国主義者に置き、被害者

バターン死の行進　フィリピンのバターン半島で日本軍に投降した米兵およびフィリピン兵を捕虜収容所に歩いて移動させる際、病気や飢えで多くの捕虜が死亡した事件。

を国民に置くという対立の構図である。

さらに軍国主義者の罪としては、侵略戦争を起こしたことよりも、国民に対する権力濫用や捕虜および占領地住民に対する残虐行為を重視している。その国民に対する権力濫用の中でも「真実の隠蔽」を最も重要視している点は、まさに対日心理作戦の理念を引き継いだものといえる。つまり、「太平洋戦争史」は戦争史でありながら、政治史や戦史としての位置づけとともに、軍国主義者の罪を暴く告発書としての役割を持っていたことになる。

こうして「太平洋戦争史」は10月末には完成し、スミスはそれを置き土産として11月初旬に日本を去ることになった。ダイクは引き止めたようであるが、スミスはそれを断って帰国した。スミスは、2カ月という非常に短い期間で日本を去ることになった理由として、表向き家族の都合を挙げている。しかし、軍人ではないスミスにとってGHQは決して居心地のよいところではなかったのかもしれない。

新聞社はどの記述を削除したのか

「太平洋戦争史」は12月8日の真珠湾攻撃記念日から10日間にわたって全国紙で掲載された。当初の予定では「太平洋戦争史」と同時並行で執筆されていた「マニラの悲劇」や残虐行為

敗戰日本十五年の足跡

奉天事件より「ミゾリー」降伏文書調印まで

聯合軍司令部の記述せる太平洋戰爭史

隱蔽されし眞實
今こそ明かに暴露
知れ軍國主義者の罪

禍根は遠し「奉天事件」

大連會談の四要求

日本の北支侵略

軍部テロを開始す
農家は重稅に喘ぐ

國內の政治的不安

日獨伊の強引政策

國際的火藥庫

「太平洋戦争史」（読売新聞 1945 年 12 月 8 日掲載）

の記事5本も「太平洋戦争史」を補うために、同時に新聞に掲載されるはずであった。しかしこうした記事を同時掲載することで「太平洋戦争史」の評判を下げることが懸念されたため、これとは別に発表することになった。おそらく9月に占領軍司令部がマニラでの虐殺事件を発表した時、「占領軍兵士の暴行を正当化するためではないか」「マッカーサーの策略、宣伝的だ」との声が相次いだことから、「太平洋戦争史」を宣伝工作と捉えられることを嫌ったものと考えられる。

実はあまり知られていないが、「太平洋戦争史」は掲載にあたり、新聞社が独自の判断で部分削除などの編集を行っていた。当時新聞用紙の不足から表裏1枚の計2頁で発刊されていた新聞に対し、CIEは初日に用紙1枚分を余分に配布して「太平洋戦争史」を掲載できるよう計らった。それでも、全文を掲載することが事実上不可能であったため、一部を削除せざるを得なかったのかもしれない（なお、2日目以降、掲載量は大幅に削減され、通常の紙面を使って一部分に掲載された）。

削除する部分や分量は各新聞社に任され、見出しも各新聞社が自由に付けていた。見出しと各社の削除部分を比較した三井《みつい》愛子《あいこ》によれば、削除部分の多くは日本人が読めば痛烈な批判と侮辱を感じるものであるが、社による傾向の違いは見られなかったとのことである。[8] また、「太平洋戦争史」に使うようにと配布された「マニラの虐殺」の写真は、どこの新聞社も使用しなかった。

このように必ずしもCIEの思惑通りの掲載にはならなかったが、これに対してCIEは特に指導を行ってはいない。特に『読売新聞』は日本の侵略を最も強調した「日本の華北侵略」の部分の3割以上を削除し、「南京虐殺」に関しても15％ほど削除している。しかしながら、『読売新聞』に対する指導は行われなかった。掲載を強要したものの、あくまで「太平洋戦争史」は素材であり、言論の自由を標榜《ひょうぼう》する立場上、新聞社側の自主性を尊重せざるを得なかった。

ただ『朝日新聞』が「フィリピンの戦い」に関する部分を掲載した翌日にCIEに呼び出されている点が気になる。『朝日新聞』はこの部分で「比島指揮官として威張っていた山下大将」の「比島指揮官として威張っていた」のみを削除していた。通常、削除は一文単位で行われることが多く、一部分だけ削除したことから『朝日新聞』が何らかの意図をもって削除したことは明らかである。山下に対し相当の怨念を持っているCIEは、他の削除部分は容認できてもこの点だけは見逃せなかったのかもしれない。

米国から見た日米開戦経緯

それでは、「太平洋戦争史」の記述を具体的に見ていこう。「太平洋戦争史」は米国から見た戦争史である。そのため日米開戦の経緯に注目したい。

日米開戦に至る経緯は第十章「太平洋に於ける戦い」で記述されている。簡潔に言えば、この章の趣旨は、米国は必死に戦争回避に尽力したが日本側が応じず、「だまし討ち」の奇襲攻撃によって戦争が開始されたというものである。

特に三国軍事同盟には手厳しい。この同盟には「三国いずれかの一国が、現在欧州戦線、日中戦争に参入していない国に攻撃された場合は、三国はあらゆる方法で相互に援助すること」が盛り込まれていた。当時欧州戦線、日中戦争に参入していない国とは、まさしく米国のことである。つまり三国軍事同盟は米国を仮想敵国としたもので、これにより欧州戦参入を考えていた米国は日本との戦争が避けられなくなったと感じた。

その後、日本の侵略に呼応するように米国および連合国は政治的経済的圧力を強めていき、ついには日本の南部仏印（フランス領インドシナ）進駐により米国の宥和《ゆうわ》政策は終わりを告げた。こうした連合国の戦線は、日本を包囲する計画ではなく、日本の度重なる侵略に対する防衛であった。以上が「太平洋戦争史」で示された日米開戦の経緯である。

開戦直前の1941年11月26日に米国から日本へ手渡された、ハルノートに関する記述も興味深い。米国の要求として、日本のインドシナおよび支那本部（原文 China proper）からの撤退と記述されているからである。ハルノートをめぐっては、戦後、中国からの撤退というのは満州を含み、日本が多くの犠牲を払って手にした満州からの撤退を突き付けられたために日本は開戦に踏み切らざるを得なかったという、ハルノート悪玉論が保守論壇を中心に広く支持されている。しかし「太平洋戦争史」によれば、米国の要求した中国からの撤退には、満州は含まれていなかったことになる。

このように、徹底して対米戦の責任を日本に置いているにもかかわらず、現在日本では、日米開戦を日本の侵略戦争と捉える意識は低い。2005年に行われた『読売新聞』の調査では、44％の人は対米戦争を侵略戦争と捉えておらず、侵略戦争と捉えている人の34％を上回る。[9]

少なくとも米国が喧伝した「対米戦争は侵略戦争である」という言説が、現在の日本で広く支持されているわけでないことは、必ずしも日本人の戦争観が「太平洋戦争史」の骨格をそのまま引き継いでいるわけではないことを意味する。

マッカーサーのための戦争史

米軍機関紙『スターズ・アンド・ストライプス』では「太平洋戦争史」連載開始翌日の12月9日に「日本の新聞が戦争の物語を掲載」との見出しで、「太平洋戦争史」の新聞連載を伝えている。記事には、この戦争の物語は、満州事変、華北侵略および「南京虐殺」を伝え、本として出版されること、CIEは執筆にあたり日本の新聞が戦時中に何を伝えたかを調べ、準備を行ったことが書かれている。[10]

米国では、捕虜虐待等の日本軍の残虐行為に対する批判が強く、とりわけ戦友が被害にあっている米兵の中では反発が大きかった。そのため、わざわざマッカーサーが「ウォー・ギルト・プログラム」を実施していることをアピールしなければならなかった。家族、友人などその背後に多くの米国民が控えている米兵にアピールすることは、大統領選立候補を目指すマッカーサーにとって避けては通れない。『スターズ・アンド・ストライプス』への記事掲載からは、「太平洋戦争史」の背景にもマッカーサーの野心が潜んでいたことが垣間見えて興味深い。

マッカーサーに対する配慮は、「太平洋戦争史」の戦史記述そのものにも見られる。「太平洋戦争史」では、マッカーサーの敗者復活をかけたフィリピン戦に二章分を割き、詳細に記述がなされた。確かにフィリピンでの戦闘は重要な戦いの一つである。しかし、他にもミッドウェー、ガダルカナル、サイパンなど戦争全体の勝敗を決定づけた戦闘があるにもかかわらず、それらと比較して圧倒的な分量をフィリピンの戦いに割いていることには違和感を抱かざるを得ない。

また、現在の日本人にはあまり知られていない珊瑚海《さんごかい》海戦についての記述量も多い。珊瑚海海戦は、ニューギニアのポートモレスビー攻略を狙った日本海軍と米豪共同軍との海戦である。戦力に不安のあったオーストラリア軍は防衛線を相当南に置く予定であったが、マッカーサーがポートモレスビーまで北進させることを決断し、日本軍との初の空母決戦となった[11]。

結局日本軍はポートモレスビー攻略を断念したが、米空母を沈めたことで日本国内では勝利と報じられた。しかし米軍は、日本軍の戦艦の損失が多く、結果的にポートモレスビーを攻略できなかったことで、戦略的には米国の勝利とみた。その後ポートモレスビーに米豪軍が基地を建造し、ラバウルが連合国の航空射程圏に入ったことも日本の戦略上不利であった。つまりマッカーサーの決断がその後のミッドウェー海戦の勝利、そして米国の勝利へとつながったというのが、米軍の捉え方である。このことから、後半部分はマッカーサーの戦争を記したと言っても過言ではない。

戦時中、日本国内でのマッカーサー評は決して好ましいものではなかった。むしろ1942年にバターン半島で日本軍に敗れた後、オーストラリアにいったん逃走したことから、逃走将軍として侮蔑的な目で見られていた。『朝日新聞』では、「敗将マッカーサー、脱出か死守か、米の論議囂々《ごうごう》」に始まり、「マッカーサーついに豪州へ遁走す」「漁夫にされたマッカーサー（脱出時に漁夫に扮していたため）」などの見出しで、屈辱的な言葉でマッカーサー報道を行っていた。マッカーサーにとってこうした報道で傷ついた名声を回復することは、自身の誇りの面からだけでなく、占領政策の推進上からも必要であった。

占領を成功させることは、大統領選出馬をにらんでいるマッカーサーにとって必須条件である。つまり、「太平洋戦争史」は日本人に対する啓蒙であるとともに、マッカーサーのための戦争史でもあったことも記しておかねばならない。

「太平洋戦争史」は東京裁判を見据えてつくられたのか

江藤淳は、東京裁判こそが最も大規模な「ウォー・ギルト・プログラム」と目されるものであったとし、東京裁判と「ウォー・ギルト・プログラム」を一体化している。確かに東京裁判の目的の一つに、日本人に「ウォー・ギルト」を理解させるという側面があったことは否定しない。一方で、東京裁判は連合国の正義の確定、戦争抑止のための見せしめなど、国際政治上の役割を担っていた。そのため日本人をターゲットにした「ウォー・ギルト・プログラム」と一致したものではない。

しかしながら裁判に「ウォー・ギルト」を理解させる側面があることに加え、連合国にとって大きな意味を持つ案件ということを考えれば、その判決を理解させるための情報発信は当然CIEの任務となる。それゆえ、次第に「ウォー・ギルト・プログラム」も東京裁判に沿う内容へと変化していく。

では、裁判開始前に作成された「太平洋戦争史」は東京裁判をにらんで作成されていたのであろうか。確かに双方とも米国から見た戦争観が反映されているため、互いの内容は大筋で一致している。

一方で大きく異なる点もある。「太平洋戦争史」には東京裁判で展開された日本が「共同謀議」によって戦争へと進んだとの構図が描かれていない。「共同謀議」とは、英米法上の概念であり、その集団に属する者全員が共通の目的に向かって一貫して突き進んだという考え方である。この概念を用いることで、集団に属する構成員全員を罪に問うことが可能となる。侵略戦争の開始背景に「共同謀議」を使うことは、「太平洋戦争史」にとりかかる時点で既に米国陸軍省の基本方針になっていた。[12] にもかかわらず、「太平洋戦争史」では、軍部は戦争を推し進めたが、A級戦犯である広田弘毅《ひろたこうき》をはじめ、幣原喜重郎《しではらきじゅうろう》らは戦争阻止の立場をとっていたとする。つまり集団が一貫して侵略戦争を推し進めたという構図は見られない。

東条英機の描き方にも疑問が残る。東条は、1945年9月に逮捕された。同様にこの時点で既にロンドン協定[13]で「平和に対する罪」が成立していたこと、マッカーサーが真珠湾攻撃の罪で、東条だけでなくその閣僚をも米国による単独裁判にかけることを望んでいたことから、[14] 裁判がどのような形態で行われるにせよ、戦争を開始した罪で東条が糾弾されることは既定路線であった。しかし、「太平洋戦争史」における真珠湾攻撃に関する記述には、東条の名前はない。東条の名前が頻繁に出てくるのは、「軍事的な完全敗北」を理解させるための後半部である。「太平洋戦争史」における東条の扱いはあくまで国民に多大な被害を与えた、敗戦の責任者なのである。

同様に、広田弘毅に関してもその対支政策を評価し、好意的な描き方がなされている。広田がA級戦犯として逮捕されたのは「太平洋戦争史」連載が開始される前の12月2日であり、広田の部分のみを訂正することはそれほど難しくなかったはずである。

「共同謀議」および東条、広田の扱いは、東京裁判の大きな論点であり、決して枝葉末節ではない。ここから、「太平洋戦争史」は東京裁判を前提にしていないという判断にならざるを得ない。ただし、「太平洋戦争史」は１９４６年１月16日に東京裁判の検察側にあたる国際検察局に送付されている。東京裁判では、戦争の開始は張作霖《ちょうさくりん》爆殺事件であるとするなど、「太平洋戦争史」と主張が異なる点も多いが、資料としてある程度参考にした可能性は高い。

広田弘毅（1878-1948）

人々は「太平洋戦争史」で真実を知ったのか

「太平洋戦争史」は全国紙にしか掲載されず、しかも当時は戦後の混乱期で新聞購読率もさほど高かったわけではない。そのため、「太平洋戦争史」に接したのは一部の国民だけであった。しかも内容を理解できた人となると、さらにその率は下がる。日本人の識字率はおおむね97％

を超えているとされているが、97％という数値の基になった識字率調査は非常に平易なものであった。例えば、「大きなうみ」「さくらが咲いた」などが読めれば字が読めると判断された。ところが「太平洋戦争史」は難解な漢字を多用した長文である。よく知られているように当時の漢字は現在よりも種類が多く、複雑である。こうしたことから、実際に「太平洋戦争史」を読んで理解できた人間はそれほど多くないと思われる。

ＣＩＥはこのことに気が付き、「太平洋戦争史」が義務教育を修了した人間に理解できるかどうかの調査を実施した。その結果、日本軍の残虐行為を中心に集めた写真集「フォト・ファクト」の中に、突然、農家と労働者向けにイラストを使ってわかりやすくした「太平洋戦争史」を掲載する計画が浮上している。どうやら義務教育修了層には浸透していなかったとＣＩＥは判断したようである。

その後「太平洋戦争史」は１９４６年４月に書籍として出版され、10万部を売り上げた。ＣＩＥが教科書として使用することを推奨したことが大きく影響したようだが、10万部という数字は教科書としては多くはない。おそらく教師が購入しただけで、実際に授業で使用されたわけではないのだろう。既に歴史の授業は中断されており、そもそも教室不足で校庭での青空教室や二部制をとるなど、授業自体まともに行われていない地域もあった。そうこう

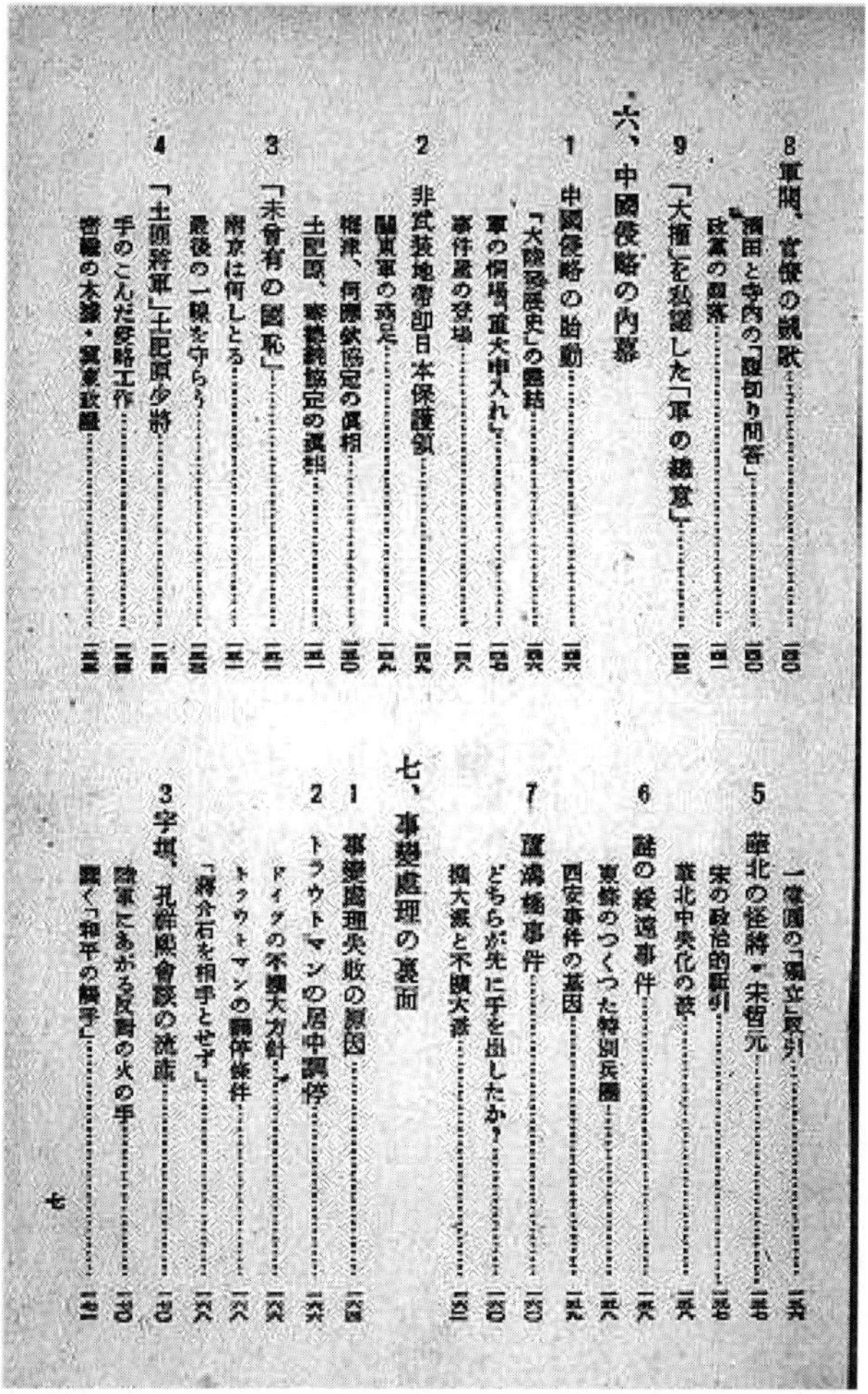

七

『旋風二十年』の目次
「太平洋戦争史」発表前に脱稿しているが、既に「中国侵略」と記述している。

するうちに10月には新しい歴史教科書が作成された。こうした状況もあり、『太平洋戦争史』を使った授業はほとんど行われなかったようである。このように「太平洋戦争史」は新聞用紙を増配してまで大々的に掲載されたにもかかわらず、実際はそれほど日本人の目に留まらなかったというのが実情であった。当時の庶民の日記に、「太平洋戦争史」に関する記述がほとんど見られないのも納得である。

日本人による戦争の真実の暴露

一方で、この時期に、日本人の手による戦争の真実を記した戦争史がある。『毎日新聞』記者の森正蔵とその部下の記者らが執筆した『旋風二十年―解禁昭和裏面史』がそれである。1945年12月末に発売されるとたちまち売り切れが続出し、その後2年にわたりベストセラーとなった。この本はその「あとがき」の日付から、「太平洋戦争史」が発表される前に脱稿していたことがわかる。にもかかわらず、内容は「太平洋戦争史」と大きく違わない。むしろ、張作霖爆殺事件から始まり、「太平洋戦争史」には書かれていなかった中村大尉事件（※）など、より詳細な戦争への道筋が記述されていた。

さらに、張作霖爆殺事件が河本大作《こうもとだいさく》大佐によって行われたこと、柳条湖《りゅうじょうこ》事件が関東軍の陰謀であったこと、盧溝橋《ろこうきょう》事件も陰謀であった可能性が高いなど、より踏み込んだ内容であった。というのも、それまで記者たちが知っていたが書けなかったことや国益を考えて自粛したことなどを躊躇《ちゅうちょ》せず暴露したからである。

柳条湖事件を中国による鉄道爆破だと信じ満州事変を支持した人々は、大本営発表の嘘が明らかになった時以上に、軍部に騙されたとの思いを持ったに違いない。この本が発売と同時に売り切れ、その後2年にわたってベストセラーになったことは、人々がいかに真実の情報を欲していたのかを示している。

もちろん『旋風二十年』も難解な漢字を多用した長文である。誰もが理解できたわけではないだろう。それでも、GHQ提供の宣伝記事よりも日本人の手による書籍の方が信頼できると人々は感じた。何より、限られた短い期間に特定の新聞でしか読むことができなかった新聞記事と異なり、2年間にわたって全国津々浦々で販売されたことで、その影響力は「太平洋戦争史」以上に大きかったはずである。人々の知りたいという疑問に答えたのが、GH

中村大尉事件　1931年6月、満州において軍命を受け調査旅行中であった陸軍大尉中村震太郎《なかむらしんたろう》ほか随行員が中国軍にとらえられ射殺された事件。この事件は日本国民の中国に対する感情を悪化させ、日中間の緊張感を高めた。

Qによる「太平洋戦争史」ではなく、日本人による『旋風二十年』であったのは皮肉なことかもしれない。

3 『真相はこうだ』

真実にこだわったラジオ番組

「太平洋戦争史」が新聞に掲載された翌日の12月9日、ラジオ番組『真相はこうだ』の放送が開始された。「太平洋戦争史」のラジオ版であるこの番組の脚本は、米国三大放送局の一つであるNBC放送の脚本課に勤務していた経歴を持つCIEラジオ課のハーバード・ウィンド中尉が担当した。番組は毎週、最も聴取率の高い時間帯である日曜日の夜8時から放送され、多くの人が興味を持つように、前後には人気コメディアンと歌手が出演する番組が編成された。さらに、週に三度も再放送がなされるなど、CIEは相当力を入れたことがわかる。

この番組は、少年が文筆家との会話を通して戦争開始の経緯や真の戦闘状況、敗戦の経緯を知る構成となっている。会話を通して何かを学んでいく形式は、フィリピンで日本兵向けに放送されていたラジオドラマや、第4章で紹介する民主化啓蒙のためのドラマである『新しい道』でも採用された。いわばCIEお得意の形式である（ただし『新しい道』はCIEの勧奨によりNHKが制作した）。

残念ながら『真相はこうだ』の全内容は記録が現存していない回もあり明らかになっていないが、現時点でわかる各回のタイトルからは、「太平洋戦争史」同様、半分以上が開戦後の戦闘史で、「南京虐殺」や「バターン死の行進」も大きく取り上げられている。

『真相はこうだ』の冒頭と終わりは毎回ほぼ同じ形式で、第1回放送は次のように開始される。

ナレーション（以下ナ）：われわれ日本人は、今日すでに、戦争犯罪とはどんなものかわかりましたね。

声：ええ、軍閥の名前や戦争犯罪人の名前はわかった。

声：誰なんですか、誰ですか、それは誰ですか。

ナ：東条と山下と山本です。

……続いて、

声：おお。まだ、たくさんいます。

ナ：まぁまぁまってください。ただいま申し上げましょう。これから30分ほどのちに戦争犯罪人を糾明していきましょう。

とにかく何をおいても事実を申し上げましょう。事実を。皆さんが自分で結論を下せるように。日本の戦争犯罪人について自分で判断が下せるように。

(音楽) FADE OUT

ナ：今こそ真実をお話しできます。これは全日本国民に戦争についての真相を明かす初めての番組です。これは皆さんに直接関係のある話であり、皆さんを暗闇の世界から明るい世界に連れ戻すための話です。

(音楽)

この後、太郎と文筆家の会話を通して、これまで隠されていた様々な真実が明らかにされる。また、その話の途中で爆撃音や効果音が挿入され、臨場感を感じさせる作りになっている。そして話が終わると、次のように番組は締めくくられる。

文：私が今晩はっきりさせようと思っているのはこの点です。軍部の勢力が非常に強く、事実を隠すことが彼らにとっては事実です。だが真実を覆い隠す雲は取り除かれ、わが将兵は進軍をやめ、今や

（音楽）ジャジャジャジャジャーン

今や真実が進軍を始めました。

山本五十六（1884-1943）

とにかく、「事実」「真実」のオンパレードである。個々のセリフについては若干変更される場合があるが、基本的にこの流れは毎回繰り返される。同じパターンの繰り返しは、心理学的には親近性を高めるとされるが（単純接触効果）、そうした効果を狙っての脚本であろう。

興味深いのは、冒頭で挙げられる戦争犯罪人で

ある。第1回では、その回の内容と直接関係のない、東条英機、山下奉文、山本五十六《やまもといそろく》が挙げられた。やはり第1回だけあってCIEが最も嫌悪している人物を挙げたのかもしれない。東条英機はともかく、マッカーサーの敵である山下奉文、そして真珠湾攻撃を立案した山本五十六、この二人が真っ先に挙げられていることからも、主観的な側面がかなり反映されていることがわかる。

現在確認される限り、文民では唯一、第2回に安倍源基《あべげんき》が挙げられている。安倍は初代特高部長として厳しい言論弾圧を行ったことで知られる。『蟹工船』などを書いた作家の小林《こばやし》多喜二《たきじ》が特高の激しい拷問によって死亡した事件も、安倍の下で起こった。このように言論弾圧への非難を重視している点も「太平洋戦争史」を引き継いでいる。

ところで肝心の評判であるが、実は、この番組には批判の手紙が殺到した。理由としては、放送内容それ自体への反発だけでなく、これまで静かなナレーションに慣れていた日本人にとって、効果音を使い矢継ぎ早に畳みかけるような演出が耐えられないものであったことが指摘されている。しかし最も反感を買ったのは、ほんの数カ月前まで大本営発表を繰り返し、勇ましく戦意を煽って鬼畜米英を叫んでいたラジオが、今度は全く逆の内容を放送したことだった。この放送はCIE制作であることを明らかにしていなかったため、人々の大半はN

HKが制作していると思っていた。そのため、その変わり身の早さにも批判が殺到した。

ブームとなった「真相」

このように、『真相はこうだ』の内容や、効果音を頻繁に入れた演出は日本人に受け入れられたとは言い難いが、「真実」もしくは「真相」を暴露するという形はかなり日本人の関心を呼んだようだ。というのも、この放送を受けて、一種の「真相」ブームの状況が見られるようになったからである。『朝日新聞』は1946年1月13日から「降伏時の真相」として、終戦時の内閣書記官長迫水久常《さこみずひさつね》の手記を7回にわたって連載した。

3月15日には、暴露雑誌『真相』が人民社から創刊された。この雑誌は、柳条湖事件の真相やニューギニア戦線の実相などの戦争関連を中心に暴露話を掲載し、人気を博した。また、CIEの協力を得て『真相はこうだ』の脚本や、米軍の「マニラの虐殺」の証言レポートを掲載している。『真相』の創刊メンバーであった佐和慶太郎《さわけいたろう》は、それまで国民の目に隠されてきた多くの事実を大衆に知らせることが必要だと考えていたことから、終戦の年の10月頃、道を歩きながらはっと『真相』という題名を思いついたと述べており、特に『真相はこうだ』の影響を受けて雑誌を創刊したわけではなさそうである。むしろ世の中に「真相」を知りたいという空気が蔓延していたことが後押しになったのだろう。

雑誌『真相』は最盛期には12万部を売り上げたとのことだが、それは現在の百万単位の威力であった。[15]人々の「知りたい」という気持ちに応えた『真相』は、日本側からの情報発信であった点で、森正蔵の『旋風二十年』に重なる。

軍国少年が夢中になった理由

『真相はこうだ』に対しては批判が多かったものの、サイレントマジョリティ（静かな多数派）という言葉があるように、すべての国民が嫌悪感を持っていたわけではない。苦情に交じって、「本にして出版してほしい」「レコード化してほしい」「週に一度、30分では少なすぎる」といった「もっと知りたい」という声も寄せられていた。

第1章で8月15日の日記を紹介した、当時13歳の中学生であった新井俊一郎も「もっと知りたい」と思った一人である。自他ともに認める軍国少年であった新井だが、実は終戦前から大本営発表に対して多少の懐疑があった。単純に計算しても大本営発表の特攻隊の戦果は天文学的な数字になる。であれば比島や沖縄周辺から敵艦は消えてもよいはずなのに、一向にその様子が見られない。そのため、「敵はいったい、どのくらい空母や艦船を持っているのだろう」と不思議に思っていた。また、小学校時代の同級生に海軍将校の息子がおり、戦時中に彼から大本営発表とは異なる事実を聞かされていたこともあった。

このように、大本営発表に対し薄々と疑念を抱いていた新井は、戦後徐々に、軍部に対し反発心が芽生えていった。原爆により広島が壊滅的になったため両親の故郷である埼玉の秩父に一時的に引っ越す途中の列車で、復員軍人が軍需物資を抱えたうえに乗客を押しのけて平気で座り込む姿を見て嫌悪感を覚えた。加えて大本営発表の嘘が次々と暴かれたことも、大きく影響した。

特に衝撃を受けたのは、特攻隊がほとんど戦果を挙げていないばかりか、敵艦に到達すらしていなかったという事実であった。それまで大々的に発表された戦果は何だったんだと、怒りすら覚えた。それ以来、日本の情報に関しては信頼できなくなったという。

１９４５年12月8日の真珠湾記念日、新井は日記に「この大戦争も日本の軍閥の無道に始まり、最後も汚くしてしまった」と記している。この日は全国紙に「太平洋戦争史」の連載が開始された日でもあるが、新井は「太平洋戦争史」を読むことはなかった。原爆で地元の中国新聞社が壊滅的に破壊されたため新聞報道を目にする機会は限られており、せいぜい『朝日新聞』『読売新聞』といった全国紙のタブロイド判が一週間遅れで掲示されるのを目にするくらいであった。この時点では『真相はこうだ』の放送も開始されていない。つまり、8月15日を国辱の日と書いた軍国少年は、「太平洋戦争史」や『真相はこうだ』の影響を受けずとも、軍部の起こした戦争という認識を持つに至っていた。

新井の家は原爆被害にはあったが不幸中の幸いで全壊は免《まぬが》れ、ラジオを聞くことはできた。「南京虐殺」や「バターン死の行進」などの日本軍の残虐行為についても、周囲からそれとなく耳に入ってくるようになった。最初に残虐行為の話を耳にした時は、他の日本人同様「信じられない」と思ったが、大本営発表の出鱈目《でたらめ》さがわかるにつれ、次第に本当のことだと信じるようになった。そのため、12月9日から放送が開始された『真相はこうだ』を聞いた時には、「やはりそうだったのか」と思ったという。以後、新井は『真相はこうだ』とその後継番組である『真相箱』を夢中になって聞くようになっていった。一般的には反感が強かったとされる騒々しい音声や効果音などに対しても、それまでの抑揚のない日本のラジオ放送と異なって、非常に新鮮で面白かったという。こうした反応には、柔軟な考え方を持つ中学生という年齢が関係していたのかもしれない。

大本営発表の嘘に呆《あき》れ、真実を知りたいと夢中になって『真相はこうだ』を聞いていた新井少年は、ある意味CIEの期待通りだったのかもしれない。ただし、新井は『真相はこうだ』がGHQの宣伝番組であったことも理解していた。[16]そのため100％真実だとまでは信じなかったものの、「大半は真実なのだろう」と考え、「やはりそうだったのか」との思いが強かった。戦後明らかにされる大本営発表の嘘に衝撃を受けた新井は、少なくとも日本よりは米国の情報の方が信頼できると思い、真実を求めた。その気持ちに応えたのが『真相はこうだ』であった。

ダイクの覚書

「ウォー・ギルト・プログラム」は常に単体で行われたわけではない。CIEは「ウォー・ギルト」以外のテーマに関しても啓蒙政策を行っており、それらと併せて複合的、多層的に情報発信されることも多かった。例えば「婦人の地位向上」と「ウォー・ギルト」のような、複数のテーマを同一の発信に盛り込んだのである。また「ウォー・ギルト」関連の発信にも「民主化」や「男女平等」などの他のテーマも盛り込まれた。

そのため何が「ウォー・ギルト・プログラム」かを見極めるには、CIE日報・週報などの報告書以外に「ウォー・ギルト」に関して包括的にまとめられた文書が必要となる。1945年12月21日に提出されたダイクの覚書は、その「ウォー・ギルト」関連の数少ない包括的な文書の一つである。この覚書は東京裁判首席検察官であるジョセフ・キーナンの来日を控えて提出されたと考えられ、「ウォー・ギルト・プログラム」（原文は「インフォメーション・プラン」）が今後、戦争犯罪人の逮捕に連動して実行されるとしている。

この文書は、今後のプログラムの方向性を示したものであるが、スミスの推し進めたプログラムからの修正が見られる。まず、プログラムの目的の一つに、「侵略戦争を計画、準備、指導、共謀した罪を罰することに対しての、充分な理解を促すための道筋を示す」と、「侵略」について初めて明記された。「太平洋戦争史」および『真相はこうだ』でも中国に対する侵略性について言及されていたものの、CIE日報や他の資料において日本の「侵略」への言及はなかった。東京裁判との関連で初めて「侵略」について触れたことになる。

次に、「軍国主義者を支持し容認する社会を作ったことが国民の責任である」と、こちらも初めて国民の責任について言及した。そのため、戦争犯罪と戦争犯罪人に対する議論を国民の間で活性化させることが記されている。スミスは、国民は選挙によって自由主義者を選び決して軍国主義者を支持したわけではなかったにもかかわらず、言論弾圧と暴力によって軍国主義者が社会を牛耳ったとしていた。しかし、ダイクの覚書では、国民が支持し容認した点で責任があるとしている。確かにスミスの指摘した選挙結果は事実であるが、その後国民が容認したことも（容認せざるを得ない状況だったとしても）事実である。その点で国民に責任があるとしたのは、これまでと比べて一歩踏み込んだ感がある。

最後に、山下裁判を例に出して、残虐行為の責任者の罪に言及している点も注目すべきであろう。山下の死刑判決後、日本国内で彼に対する同情論が沸き起こり助命嘆願署名運動が行われた。この動きは、東京裁判の開始と、今後も続くＢＣ級戦犯裁判判決を前にして、ＣＩＥに相当な不安を引き起こした。

この覚書では、今後の計画についても言及されている。具体的には、裁判に関する質問に答えるための懇談会、検事や判事の経歴等のバックグラウンドに関する情報を準備し記事にすること、これまでのラジオ解説番組の継続、新聞課によって書かれたニュースの放送、裁判時に録音された口述書を提供する番組、裁判情報の報道に加えて、「座談会」などの番組で戦争犯罪人に関するテーマを取り上げることが計画された。

こうしたラジオ番組は『真相はこうだ』と異なり、ＮＨＫによって制作された。そのため、すべてがＣＩＥの思惑通りにいったわけではないが、既に、ある程度は批判を許容するということで、他部署とも合意していた。一方で評判がよいとはいえない『真相はこうだ』の継続も記されている。なお、ここで言うところの裁判には、東京裁判だけでなく横浜裁判

（※）も含まれることを付け加えておきたい。

スミスは、残虐行為と、それまで隠されてきた戦争の真実を明らかにすることを中心に、自ら情報を発信することで「ウォー・ギルト」を理解させようとした。対してダイクは、既に開始されている横浜裁判と、今後始まる東京裁判を理解させることで「ウォー・ギルト」を理解させせようとした。その意味で、この文書は「ウォー・ギルト・プログラム」の転換点の一つといえるだろう。

『真相はこうだ』に現れた変化

ダイクの覚書が出された後、既に放送が開始されていた『真相はこうだ』にも変化が見られた。「太平洋戦争史」が東京裁判を前提に書かれたものでないと判断されることは、先に述べた通りである。「太平洋戦争史」のラジオ版である『真相はこうだ』でも、広田は「太平洋戦争史」同様、侵略戦争に歯止めをかけようとしていた人物として描かれていた。文筆家は次のように述べる。

広田外相は日支友好政策なるものを提唱していたんだ。昭和9年には、たびたび外相はその政策を繰り返し述べたものだ。

この後、広田に扮《ふん》した役者の声で、

わが日本は世界各国と互いに協力して、平和と秩序を維持することを根本原則とするものでありまして、いかなる国家に対しても問題を醸すがごとき意図は持っておらぬのであります。日本は支那に対して特殊な権益を求める意図は毛頭なく、また領土的野心もなく、支那の自治的統治権を犯す意図はありません。

との発言が続く。この後、文筆家は「新しい閣僚の顔ぶれはまず自分たちに相談をかけろとするのは、（広田を）虐めると言わんかね」と、「虐める」との表現を用いて広田を擁護した。このように、軍を悪玉、広田を善玉とする形で物語は進んでいく。

横浜裁判　通例の戦争犯罪を行ったＢＣ級戦犯を裁いた裁判のうち、横浜で開廷した米軍による裁判を横浜裁判と呼ぶ。ＢＣ級戦犯を裁いた裁判は、シンガポールやインドネシア、中国などで開廷された。

この回の放送はダイクの覚書が提出される以前の12月16日である。その後、ダイクの覚書が提出され、年が明けた1月6日、真珠湾攻撃の回で東条が登場する。ところが、東条の位置づけは「太平洋戦争史」と比較して明らかに異なっていた。「近衛内閣は倒れて威張屋で自己本位の東条大将が首相となった」「東条とその幕僚は、あの卑怯な攻撃の詳細な段取りをととのえるために、時間の余裕を望んでいたんだ」と、東条を威張屋と表現し、既に真珠湾攻撃の詳細が国内で決定されていたにもかかわらず、来栖三郎《くるすさぶろう》を派遣してルーズベルトとの会談に臨ませたと糾弾した。つまり言わんとするのは、真珠湾攻撃のだまし討ちは東条に責任があるということである。

広田に関する記述は変更されなかったにもかかわらず、東条に関する記述に変化があったのは、ひとえに放送時期によるものであろう。東条の回が放送されたのは、既にダイクの覚書で東京裁判と符節を合わせることが確認されていた後である。そしてこの変化は、徐々に「ウォー・ギルト・プログラム」全体に及んでいく。

４　転換点を迎えた「ウォー・ギルト・プログラム」

スミスとダイクの違い

「ウォー・ギルト・プログラム」における変化は、東京裁判に符節を合わせるようになったことだけではなかった。スミスが推し進めた『ウォー・ギルト・プログラム』は、彼自身が戦時中から感じていた「なぜ日本人は残虐な行為をするのか」という疑問と「戦争に至った最大の要因は軍国主義者の言論弾圧である」との信念が強く反映されたものであった。しかし、ダイクはスミスとは政策の進め方や考え方に若干違いが見られ、またスミス帰国後の占領管理体制の安定もあり、スミスとは異なる手法でプログラムを推し進めることになった。

ダイクは米国のタイヤメーカー、ラバー・カンパニーをはじめとして、数々の企業の広告部門に関わった経験を持つ広告宣伝の専門家である。日本の真珠湾攻撃後に軍役に就き、１９４５年９月にマッカーサー率いる南西太平洋陸軍司令部所属となって、米軍兵士に対して日本兵の扱いなどの情報提供および教育を行う情報教育部門の指揮を執った。

ダイクが日本人をどのように捉えていたのかは、１９４５年５月にフィリピンのマニラで開催された対日心理作戦会議での発言から読み取れる。会議にオブザーバーとして出席したダイクは、情報教育部と心理作戦部は、扱う対象は米軍兵士と敵の兵士と異なるものの、基本的な違いはないとして、次のように語った。

最初に、我々は何を売るのか、製品の知識が必要である。長所だけでなく弱点、その商品がどのように役に立つのか、あなたではなく、購買者の視点が必要である。次に誰に売るのか、市場や購買層の知識が必要である。どのような人々が購入し、彼らは何を望み、どのように考え、なぜそのように考えるのかを知ることが重要なのである。

また、次のようにも述べている。

（心理作戦計画に関して）それは他人のネクタイを結ぶことに似ている。他人の正面に立ってネクタイを結ぶことは難しい。唯一の方法は、その人の背後にまわり腕を彼の首に回し、彼の目線で結ぶことである。

ダイクのこうした考えは、情報教育部で兵士に対してとられた手法にも反映された。米国が日本に向けてビラやラジオ放送を通してプロパガンダを行っていたように、日本も連合国向けのプロパガンダ放送を流していた。音楽など連合国兵士の好みそうな内容に加え、合間に捕虜を使った手紙の朗読等を流し、連合国側の士気を低下させようと試みていたのである。この番組の女性アナウンサーは「東京ローズ」と呼ばれ、米兵の間で人気を博した。ダイクがこの放送を聞かせるのを止めるためにとった方法は、禁止令を出すのではなく、この番組以上に兵士の興味を引く内容のラジオ番組を、日本のプロパガンダ放送と同じ時間帯に放送させることであった。この作戦はうまくいき、兵士は日本の放送の聴取をやめた。

こうした相手の目線に立ち、強要しない手法は、後に言及する『真相はこうだ』の後番組である『真相箱』にも影響を及ぼすようになる。

新聞懇談会を通した統制

ダイクの考えが最も反映された施策が、新聞懇談会を通した新聞統制であろう。先に挙げた山下裁判で、日本側のメディアは山下寄りの報道を行う傾向が見られた。これを日本側のサボタージュと捉えたＣＩＥは、他の報道も含めて是正が必要と考えた。そのためスミスの提案により、１９４５年10月24日に新聞編集者を集めて会見を開くことになった。

会見でダイクは、メディアが今後目指すべき「真実を報道するように」といった指針を４点示したうえで、戦争犯罪人や天皇制についての議論、そして海外のニュースをもう少し報じるようにと要望を出した。この会見について、スミスが「叱咤（scolding）」という言葉を用いていることからわかるように、ダイクはかなり厳しい姿勢で臨んだようである。

高圧的なこの会見によって新聞は天皇制に関する意見を掲載するなど、一定の効果が見られた。しかしながらこの後、山下裁判報道が一向に是正されていないと捉えたＣＩＥは、さらに強硬な命令という手段で「偏向のない報道」を行うよう指示した。また新聞課長のダニエル・インボデンも各所でダイクの命令に従うよう圧力をかけることになった。

なかなかＣＩＥの望む報道がなされなかった主な原因は、新聞編集者がＣＩＥおよびＧＨＱの意図を正確に読み取れなかったことが大きい。例えば、検閲部門を司《つかさど》る民間諜報局エリオット・ソープ准将は、新聞が「ＧＨＱからの要求、指示」という書き方をすることに対し、「要求という言葉を使わないように。司令部の通達はすべて指令・命令である」と警告した。言葉一つとっても、新聞側とＧＨＱ側との間では行き違いが生じていたのである。

しかし、ダイクの厳しい会見の後、ダイクと新聞編集者たちとの間で闊達《かったつ》な議論が行われたことに、ダイクは解決策を見出した。以降、定期的に新聞編集者たちとの懇談会が開催されるようになり、１９４６年以降は新聞社側からの要望でほぼ毎日開催されるようになった。これまで述べてきた日米の認識の差に加え、はっきりしない検閲基準などによりＧＨＱの意向をつかみきれない新聞編集者にとって、ＣＩＥとのやり取りを通してその意図を把握できる懇談会は、インボデンの説教交じりの講演に比べて、有益でありがたかった。またＣＩＥにとっても、新聞各社を一堂に集めることで、より統制が行いやすくなる。そのため、新聞統制の中心は次第に懇談会という場に移っていく。

懇談会は、ＣＩＥがＧＨＱの広報官としての役割を果たすという別の目的も持っていた。「真実の報道」を行わせるために、ＧＨＱの政策に関してはＣＩＥが一括して説明を担うことで各部局に了解を得ており、それが懇談会の中心的トピックとなっていった。

新聞社側には、ただ単にＣＩＥの説明を聞くだけでなく、質問をして闊達な議論を行うことが要求された。質問は、占領政策への疑問など多岐にわたったが、すべてに回答が得られたわけではなかった。ＧＨＱ政策の核心に触れる質問、戦争犯罪人の指名に関する質問などに対しては、「ノーコメント」との回答や「オフレコであり記事にしてはいけない」との断りが入ることもあった。どうやら、占領政策推進上都合の悪いものは、すべてオフレコとされたようである。

さらにインボデンはたびたび、「フリープレス（編集権の独立）」、「報道と編集者のコメントを分けること」、そしてこれらを達成するために「米国の新聞を手本とすること」を強調した。米国の新聞報道を例に挙げて解説することもあった。例えば、米国最高裁判所での山下奉文の死刑執行の可否に関する判決において、山下の死刑に異論を唱えた二人の判事の意見を米国の新聞が報道したことを例に、公平な報道に関するレクチャーを行った。翌年4月26日の懇談会では「米国新聞を教科書として使用すること」についてのレクチャーがあった。占領とは、異なる文化を持つ民族を支配することであり、そこでは当然、支配者の文化や価値観が導入される。日本に米国式の新聞報道を導入することは、CIE新聞課にとっての一つの目標でもあった。

このように、新聞懇談会では、GHQ政策に関する広報、および民主的な新聞報道に対する教育啓蒙が中心となり、個別の記事に対する直接的指導・要望はほとんど出されなかった。しかしながら、日本側は必死に質疑応答を通してCIEの意向を読み取り、また米国新聞を参考にしてCIEの望む報道を行うようになっていく。

「日本人に対する罪」への言及

12月22日、26日の両日、東京裁判のための新聞懇談会が、日本到着早々のジョセフ・キーナン首席検事を招いて開催された。その場にはＧＨＱ法務局のアルヴァ・カーペンター大佐も出席して、山下裁判・横浜裁判と東京裁判の違いなどを説明し、新聞編集者からの質問を受け付けた。質疑応答の際、カーペンター大佐は「山下大将は連合国およびその国民に対しての罪だけではなく、日本国民に対しても、これに劣らず重大な罪を犯した」との見解を示し、次のように言及した。

山下裁判報道において比島における米兵や住民に対する罪ばかり取り上げているため、大将がもっぱらこれらの人々に対する罪のみを裁かれているとの印象を与えるが、これら犯罪に対しては、大将は直接日本国民に対しても責任を負うべき点を明確にすべきである。[17]

同様のことが、年が明けた１９４６年1月15日、新聞懇談会において起こった。『朝日新聞』は、ＣＩＥが自身の報道に不満を抱いていることを感じながらも、それがなぜかを理解できず、「朝日の報道に不満があるのか。あるのなら修正するので教えてほしい」と質問した。これに対しＣＩＥ新聞課長のロバート・バーコフは、「朝日だけでなくすべての新聞報道に対して」と断ったうえで次のように回答した。

戦争犯罪等はその犠牲者に対する犯罪であると同時に日本人に対する犯罪でもある。しかるに日本の新聞は日本人対世界との構図でとらえている。もっと裁判の目的と本質を報道するように。

　彼らが示した「日本人に対する罪」に関しては、既に述べたように対日心理作戦でも議論されていた。それは第一に、残虐行為によって日本の名声を落としたこと、第二に、こうした残虐行為は捕虜や占領地住民に対してだけでなく、日本兵に対しても同様に行われたことである。それは、条約に違反しているからでもなく、敗戦国だからでもなく、人道的見地から許されるものではない。そのことを理解させる必要があると、対日心理作戦会議のみならずワシントンの対日占領政策策定段階でも議論に上がっていた。スミスが上官からの非人道的な行為を記した日本兵の日記を出版しようと計画していたことも、「日本人に対する罪」を理解させようとする試みの一つでもあった。「日本人に対する罪」はいわばＣＩＥスタッフの理念にあたる部分で、史料にはさほど反映されていない。しかしながら彼らは常日頃から懇談会以外の場でも、新聞編集者に対し「日本人に対する罪」を頻繁に口にしていたようである。[18]

ＣＩＥの本来の役割とは

「日本人に対する罪」への言及で見られたように、この時期のＣＩＥが、戦争犯罪報道において何がどのように気に入らないのか、またＣＩＥの考える戦争犯罪とは何かについて、事細かに説明して指導するのではなく、一般論に終始したことは注意を払う必要がある。ＣＩＥ発足当初に出された「ＣＩＥの機能・管理・評価」では次のような例を挙げて、ＣＩＥの役割を説明している。

我々は、サイドラインを引き、ゴールを設け、ボールをトスするところまでは行うが、彼らがボールを拾い上げ、それを持って走るのである。彼らがボールを落としたり、倒れたりした時に我々は助ける。しかし我々は特別プレーに加わるわけではないのだ。

もともとＣＩＥの役割は、あくまで日本側の自発的な報道を正しい方向へサポートすることである。

この方針は、言論の自由を推し進める一方でメディアを統制するという、ＣＩＥの矛盾した任務を覆い隠す役割を持っていた。ＣＩＥはメディアを統制するのではなく、あくまでサポートするだけである。こうした立場を崩さないことで、言論の自由推進との両立を図ったのである。そのため、ＣＩＥのスタッフの口からは「指示ではなくサジェスチョン（助言・提案＝suggestion）」との言葉がしばしば発せられた。

その意味において、スミスが行ったようなＣＩＥ自らの番組制作や、10月に行われたダイク会見のような厳しい指導は、本来ＣＩＥがなすべき役割からは外れており、あくまで抵抗する保守派を抑えるためのイレギュラーなものだった。

宥和路線への転換

年が明けて１９４６年に入ると、ＣＩＥ報告書からは「ウォー・ギルト」の文字が消え、それまでのスミスの計画した「ウォー・ギルト・プログラム」を転換するような動きが徐々に見られるようになる。

まず、スミスが積極的に活用していた共産主義者の扱いである。スミスの帰国後『出獄者に聞く』こそ突然中止になったものの、ダイクも変わらず天皇制論議などに彼らを活用していた。ところが、年が明けて１９４６年になると、１月12日の『座談会』に志賀義雄が出演したのを最後に、共産主義者の出演がしばらく途絶えることになった。

国民の間では、いまだ共産党に対する不信感が根強く、ＣＩＥが積極的に共産主義者を活用することに対し疑念を持たれていた。１月17日、懇談会の場で記者から、「ＧＨＱの一部に共産党を支持するような動向があるのではないか」との質問が出され、続いて１月25日に、民間諜報局からもＣＩＥあてに「国民の間でＧＨＱの活動は共産党寄りであるという印象が広がっている」との警告書が発せられた。そのため、ダイクは民間諜報局の警告書に従うよう通達を出し、徐々に共産主義者の出演は減少していくことになった。

次に、プログラム開始時から日報で何度も進捗状況が報告されていた、残虐行為の写真集である「フォト・ファクト」の出版が中止になった。また、虐殺映像を中心とした戦争犯罪のドキュメンタリー映画、日本人兵士による上官の非道を記した日記の出版なども、すべて計画だけで終わった。「太平洋戦争史」と同時に掲載予定であった「マニラの悲劇」はこの時点ではお蔵入りとなり、残虐行為に関する記事も日の目を見なかった。

これらの背景には、「日本人は、ミュージカルにおける東条の滑稽な場面では笑うが、日本艦隊沈没の場面では笑いがないことから、いまだ敗戦の致命傷が残っている」「日本人は思った以上に感情的で非論理的である」といった議論がCIEで行われていたことがある。

また、年が明けてマッカーサーからも「日本人の心を傷つけないように」との助言があった。

マッカーサーの回想記には、父親のアーサー・マッカーサーのフィリピン統治時代の興味深いエピソードが記されている。

アーサーはフィリピン総督に赴任した時、それまでの現地の反乱ゲリラ勢力に対する強圧的な手段を変更し、捕らえたゲリラ側の将軍を丁重《ていちょう》に扱った。これにより懐柔されたゲリラ側の将軍はゲリラに対し「戦闘を続けろと助言する資格はない」と伝え、結局ゲリラ側は降伏するに至った。その後アーサーは、フィリピンの人々の憎悪の感情を尊敬と善意に変えるために「自由を保証する」旨のメッセージを出した。また、アーサーはフィリピンの教育・法制度の整備、国防などに力を注いだだけでなく、フィリピン人を平等に扱い、軍政から民政へのスムーズな移行が進んだ。マヌエル・ケソン大統領は後に、アーサーの平和的征服をたたえた。[19]

いささか自我自賛のきらいはあるが、実際その後、日本の占領下では日本軍の強圧的な政治に反発したフィリピンの人々が、米軍とともにゲリラとして徹底抗戦したことはよく知られている。マッカーサーはこうした事例から多くのことを学んだ。残虐行為の暴露計画が次々と取りやめになった背景に、日本人を傷つけては占領がうまくいかないという、ダイクとマッカーサーの考えがあったのである。

ダイクは日本人目線に立った政策を主張していた。国民の声に耳を傾けなければ、占領はうまくいかない。そのため、国民の傷口に塩を塗り、反発を招く恐れのある計画を中止して、国民の気持ちを逆なでしないような宥和路線へと転向していった。

新たな番組『真相箱』

『真相はこうだ』は当初、番組をレコード化して全国の学校に配布する予定が立てられていた。ところが番組に出演する俳優にまで脅迫の手紙が寄せられるなど想定外の評判の悪さに、この計画は中止されてしまった。『真相はこうだ』の脚本を書いたウィンド中尉はこれについて「敗れた敵の傷をかきむしるようなことであるが、本来の目的は真相を知らせることで軍国主義を失墜させることであった」と苦悩を日記に記している。[20]

しかし批判が寄せられる一方で、「何々について知りたい」といった投書が日に平均３００通も寄せられるなど、反響は大きかった。刺激的な番組効果音や、それまで聞かされてきた事実と大きく異なる内容が不評であったが、決して日本人は耳をふさごうとしているのではない。そう考えたＣＩＥは『真相はこうだ質問箱』という番組を急遽制作し、放送した。『真相はこうだ』の放送と並行して、１９４６年1月18日に開始されたこの新たな番組は、聴取者からの戦争に対する質問に答えるという形の15分の番組である。音楽や音響、コメンテーターの解説などは一切なく、シンプルに質問に答えるだけの形式にしたのは、『真相はこうだ』に対する批判を踏まえてのことであろう。

幸い、寄せられた質問に答えるという双方向的な形は好評を博し、番組には、最初の予告から一週間で、平均３つの質問を含む手紙が９００通も寄せられた。さらに番組開始後も日に１２０通の質問が寄せられ、国民の関心は高かった。そしてこの実験的番組は、『真相はこうだ』第10回の終了後、名前を『真相箱』と変えたうえで、時間枠を30分に拡大し、放送が続行されることとなった。

『真相箱』は番組冒頭で、ＣＩＥが制作していることを示し、そのうえで、回答の根拠も示した。また内容的にも捕虜を厚遇した日本人や、沖縄戦で自決した牛島満《うしじまみつる》中将と長勇《ちょういさむ》少将について「儀礼に従って、武士のたしなみも立派に死出の門出に立ったということであります」と敬意を示すなど、一方的に日本人の罪を暴露して攻撃するだけでなく、褒めたたえる回答も見られる。その一方でこれまでこだわってきた「南京虐殺」や「バターン死の行進」を取り上げ、残虐行為に対しては容赦ない情報を提供した。

　このように、日本人の心情に配慮した番組に生まれ変わったことで、『真相箱』は好意的に受け止められ、手紙の数も飛躍的に増えていった。

1　ブラッドフォード・スミス（岡本成蹊訳）『武器はうるはし』文章社、１９４９年、４頁、「著者について」
New York Times, July 15 1964. スミスの死亡記事

2　土屋礼子『対日宣伝ビラが語る太平洋戦争』吉川弘文館、２０１１年、17頁

3　Bradford Smith, "The Mind of Japan," Amerasia, March 1942, p.13.

4　Bradford Smith, "Japan : Beauty and the Beast," Amerasia, April 1942.

5　徳富蘇峰『終戦後日記―「頑蘇夢物語」』講談社、２００６年、３８０-３９２頁

6　フランク・リール　下島連訳『山下裁判』日本教文社、１９５２年、１０５頁

7　大沼保昭『戦争責任論序説』東京大学出版会、１９７５年、16頁

8　三井愛子「新聞連載『太平洋戦争史』の比較調査（後編）」『評論・社会科学』101号、2012年、2頁

9　『読売新聞』2005年10月27日

10　Stars and Stripes, 9 December 1945.

11　ダグラス・マッカーサー　津島一夫訳『マッカーサー回想記（上）』朝日新聞社、1964年、250－251頁

12　日暮吉延『東京裁判』講談社現代新書、2008年、90頁

13　ドイツ降伏が1945年5月8日であり、ニュルンベルグ裁判における戦犯処理協定の詳細が決定したのは1945年8月8日から英米露仏の四カ国がロンドンで開催した代表会議における「欧州枢軸国主要戦争犯罪人の訴追および科刑に関する協定」の締結によってである。

14　前掲書日暮吉延、62頁　時事通信社編『ニュルンベルグ裁判記録』時事通信社、1947年、11頁

15　佐和慶太郎「人民社と『真相』のころ」『現代の理論』現代の理論社、1970年、35頁

16　この点について、新井は筆者のインタビューに対し、記憶の中で『真相はこうだ』とそれに続く番組『真相はこうだ質問箱』『真相箱』の区別はあいまいであると答えている。『真相箱』ではCIEが制作したことを番組で明らかにしており、その記憶と『真相はこうだ』の記憶が混同している可能性もある。

17　『毎日新聞』1945年12月27日

18　前掲書徳富蘇峰、419頁

19 前掲書ダグラス・マッカーサー　津島一夫訳、45-50頁

20 「『真相はこうだ』を放送した中尉」週刊新潮編集部『マッカーサーの日本』、1970年、254頁

第3章　戦争から日常へ

——「ウォー・ギルト・プログラム」第二段階——

新局長ニュージェントの関心

ＣＩＥ局長として様々な改革に携わりマッカーサーの信頼も厚かったダイクであるが、１９４６年５月末をもってその任を解かれることになった。一説によれば、彼は２月の一時帰国時にニューディーラー（社会民主主義的な思想を持つ人々）を連れて日本に戻り、日本占領改革に一層まい進するつもりであったものの、ＧＨＱ内で右派のチャールズ・ウィロビーが台頭したことにより追いやられたとされている。もっとも、米軍は日本軍と異なり一定の期間での人事ローテーションが確立されているため、それに従っただけとの説もある。いずれにせよ、ダイクは不本意ながらも日本占領の任務から離れることになった。

ダイクに代わって６月からドナルド・ニュージェントがＣＩＥ局長に就任した。彼はスタンフォード大学で教育学と歴史学を学び、ハイスクールの教員やカリフォルニア地区学校長を務めた後、カレッジで歴史学や経済学を教えていた教育者だった。博士課程に進んだ後の１９３７年に来日し、４年ほど和歌山県高商で教えた経験がある。スミスやダイクと異なり、もともと教育者であるニュージェントは教育改革に力を注ぐ一方で「ウォー・ギルト」への関心はさほど高くなかったようである。ラジオ番組『真相箱』は後に述べるように、ニュージェントが就任して２カ月で打ち切りの様相が見えてきた。

ＣＩＥ史料によれば「ウォー・ギルト・プログラム」は１９４６年６月から新たな第二段階に入ったとされている。ここで、東京裁判が開始された５月ではなく、６月を分岐点としている点は注目すべきではないだろうか。東京裁判は米国だけでなく連合国の、ひいては国際社会の今後の安全保障に関わる重要な裁判である。裁判開始を機にプログラムが新たな段階に入ったのであれば理解できるが、そうではなく、なぜ６月なのか。やはり、局長が変わったことが影響しているのだろう。

ダイクとニュージェントはバックグラウンドも、占領政策に対する関心も異なった。教育者であったニュージェントはこの後、教育基本法改正や日本の義務教育の６・３制確立などの教育改革に力を入れていくことになる。

1　『真相箱』の変化

質問内容の推移

ニュージェントが教育改革に力を入れたのは単に自身が教育者であったことだけでなく、占領政策が軌道に乗り、いよいよ民主化の本丸となる教育改革が佳境を迎えつつあったこともあった。マッカーサー五大改革指令にも盛り込まれている教育改革が「ウォー・ギルト・プログラム」以上に重視されることは当然である。もちろん「ウォー・ギルト・プログラム」が中止となったわけではない。質、量ともにダイク時代から変化がみられるものの、継続はしていた。では、いったい何が変わったのか、それを見ていきたい。

まずラジオでは、ダイク時代に開始された『東京裁判法廷録音』が継続した。他に単発物として『街頭録音』『座談会』などの番組で裁判関連の内容が取り上げられている。7月23日放送のニュース解説では、「なぜ戦犯裁判が行われるのか」がテーマとなり、裁判は日本が負けたから行われているのではなく、侵略の罪によって行われていることが解説された。『真相箱』は曜日が変更になったものの、継続した。しかしながら、その内容はダイク局長時代と比較して大きな変化が見られる。まず、占領管理体制が安定し「敗戦の事実」を知らせる必要がなくなったことが関係しているのか、それまで多かった個々の戦闘状況に対する質問は大きく減少し、代わりに東京裁判に関連した情報が増加した。

具体的に例を挙げると、6月28日放送では、「いったい、戦争犯罪者というのは、敗戦国だけにあるものでしょうか」との質問を取り上げている。もともとの脚本では「勝てば、その略奪行為はとがめられずにすむでしょうが、敗ければ逮捕されて国際審判の法廷に引き出されるのであります」となっていたが、さすがに問題があると思ったのか、結局この部分は削除された。代わりに「もし枢軸国が勝っていたら、現在、裁判の席に立って居る者は確かに今とは異なって居たでしょう。しかし、煎じつめれば結局逮捕されようとされまいと殺人者はあくまで殺人者であります」と若干マイルドな言い方に変更されている。

またこの時期から天皇と真珠湾攻撃の関係性に関する質問が登場するようになった。東京裁判に対して、必ずや様々な疑問が沸き上がることを見据え、先手を打ったと考えられる。既にダイク時代に『真相はこうだ』も東京裁判に合わせて徐々に内容が変化していったことを指摘したが、より一層の東京裁判シフトが進んだといえる。

米国への関心と中国への無関心

さらに番組では、戦争以外の質問が取り上げられることが多くなった。とりわけ米国に関する質問の増加が目立つ。現在、『真相箱』の内容がすべて把握されているわけではないため正確な数ではないことを断ったうえで、米国に関する質問をダイク時代と比較してみると、その傾向は明らかである。

ダイク時代の『真相箱』では、約６割が戦況に関するものであった。例えば、「アメリカ軍のサイパン上陸の実況と、その後の戦闘の様子についてお聞かせくださいませ」「わが戦艦群は何時、何処で沈みましたか」といったものである。一方で米国に関する質問は一つも取り上げられていない（戦況に関するものを除く）。

ところが、局長がニュージェントに変わった6月以降、戦況に関する質問は急激に減少し、代わりに米国に関する質問が増えていく。6月から8月までに限れば、その割合はおおよそ1／4であった。例えば次のようなものである。

「戦争中におけるアメリカの青年の思想傾向および死生観についてお話しください」

「戦争中アメリカ映画が果たした役割についてお話しください」

といった米国に対する関心から寄せられたであろう質問。さらには、

「『ライフ』誌で、米兵が洞窟で日本兵に火炎放射を浴びせている写真を見ました。これについて説明してください」

「アメリカは日本人を地球上より抹殺してしまうと主張したのは本当ですか。それとも日本

の軍閥一味による宣伝にすぎなかったのでしょうか」

といった、米国への批判を回答によって打ち消すことを目的としたであろう質問も見られる。

一方で、日米開戦後の中国戦線に関する質問が全くない。日米開戦後も日本軍は中国大陸に駐留し、各地で戦闘を繰り広げていた。中国戦線の状況を知りたいと思った聴取者がいないはずはなく、質問も寄せられていたはずである。にもかかわらず、こうした質問が採用されなかったのは、日中戦争の戦闘状況に関しては米側に資料がなかったことに加え、CIEが真珠湾攻撃後の日中戦争にさほど重きを置いていなかったからではないか。

いずれにしても、質問項目を設定するのはCIEである。実際に寄せられた質問にせよCIEが作成した架空の質問にせよ、番組で取り上げられた質問はCIEが人々に理解させたかった項目であることは疑いようもない。その意味で、この時期には敵味方といった関係性を超え、米国に対する関心が人々の間で高まり、また米国も自国に対する理解を促していく段階にあったということになる。そしてそれは、CIEも人々も戦争から関心が徐々に離れていったことを意味する。

『真相箱』から『質問箱』へ

1946年9月、『真相箱』だけでなく「ウォー・ギルト・プログラム」全体の転換点を示唆する、象徴的な出来事が起こった。

CIEは『世界日報』(新聞)に『真相箱』の脚本を掲載する計画を立て、実際に8月24日に掲載した。ところが、一度掲載しただけで次の週から突然『自由を護った人々』の脚本へ変更になった。『自由を護った人々』は、板垣退助《いたがきたいすけ》、三木清《みききよし》、尾崎行雄《おざきゆきお》などの、CIEが模範的自由主義者と考える人物の半生をドラマ仕立てで紹介する番組である。

この背景の一つに、人々の『真相箱』離れがあった。即ち『真相箱』に寄せられる投書数の激減である。明らかに人々の関心は、「戦争の真相」を知ることから離れつつあった。

視聴者の手紙の減少が報じられたのとほぼ同時期、雑誌『放送』1946年9月号に掲載されたコラム、「『真相箱』は好評か」には、「一般の関心は『真相箱』をようやく離れた」と書かれていた。その理由として「質問の素材が底をついたためで、一部拗《す》ね者のワザとらしい詮索質疑や、大衆雑誌読者級の遊び半分の質問が、一向にふるいにかけられずに頭をもたげてきたからだと見られる」と書かれている。

終戦から一年がたち、人々は新たな生活へと踏み出し、生きるのに必死だった。戦争の真実を知りたいとの気持ちがある一方で、この記事のような「もういいかげんにしてくれ」との感情も芽生えつつあった。

その後、ＣＩＥ週報では『真相箱』に関する報告は減少していき、リニューアル計画が進んでいることが報告された。そして11月に入ると『真相箱』の放送はすべて、これまでに取り上げられた質問の再放送となった。こうして『真相箱』は終わりを告げ、12月11日からは、戦争以外の質問も受け付ける新たな番組『質問箱』が開始されることになった。

なお、11月の『真相箱』で再度取り上げられた質問は、無条件降伏など敗戦に関するもの、「南京虐殺」などの日本軍の残虐行為、マッカーサーについて、などであった。ここからＣＩＥが『真相箱』で最も知らせたかったことが読み取れるのではないだろうか。

『質問箱』から消えた「ウォー・ギルト」

「ウォー・ギルト」に関する情報発信は減少したものの、新たに放送が開始された『質問箱』でも、いくつかの戦争関連情報が発信されている。ただし「天皇は真珠湾攻撃を知っていたか」「中国で日本軍は毒ガスを使いましたか?」など、これまで既に『真相箱』でも取り上げられた内容が多い。「日本軍の占領地域で捕虜を虐待したということは東京裁判で一度論ぜられましたが、アメリカが作戦として日本の都市を爆襲し無数の人々を殺したことは国際法違反にはならないのですか」といった、米国批判につながる質問も再度取り上げられている。この質問に対する回答は次のようなものであった。

日本の戦争指導者は爆撃に先立って十分警告を与えられていたし、また期間も予告されていて、指導者たちは事実それを承知していたわけです。

（中略）

トルーマン大統領は最近次のように述べています。

原子爆弾は数十万否数百万のアメリカ人、日本人の生命を救った——そして戦争を数か月短縮さえしたのです。

おそらくCIEが強調したかったのは最後の部分であろう。ただし原爆で救われた人数に関しては、最初はトルーマンは数千人と述べており、その後米国における原爆言説として引き継がれていくことになるヘンリー・スティムソン元陸軍長官による論文ですら百万人であった。

ＣＩＥはこれまで、原爆投下についてはあまり触れてこなかった。おそらく触れたくなかった。日本の人々を刺激したくなかったのである。『真相箱』でも、原爆投下時の米国世論をたずねる質問に対し、実際は米国民の8割が原爆投下を支持する世論調査があったにもかかわらず、「こうした調査はない」と虚偽の回答を行っている。逆に言えば、真実を語ることがＣＩＥのモットーであったにもかかわらず、こうした嘘をつかなければならないほどＣＩＥは原爆投下批判に敏感であった。

興味深いのは、占領開始当初からあった「日本軍の残虐行為（捕虜虐待）vs.原爆投下」の対立構造が、この時点でも継続していることである。ＣＩＥが糾弾する日本軍の残虐行為に対し、人々の間に「残虐行為は責められるべきであるが、では原爆投下はどうなのか？」との感情が、依然としてあった。裏返せば、「ウォー・ギルト・プログラム」がＣＩＥの思惑通りにはうまくいっていなかったということでもある。

しかしながら、『質問箱』から戦争関連の話題は次第に少なくなっていった。それもそのはずで、『質問箱』に寄せられる質問の中で戦争関連の手紙の比率は、日に日に減少傾向にあった。１９４７年1月下旬には全投書の25％が戦争に関するものであったが、3月には

7・5％に減少した。対して、手紙の総数は600通から1200通へと増加し、とりわけ科学と健康、教育に関する質問が多くなっていった。特に健康は、この後他の項目を抑えてトップとなっていく。違法に取引されていた、いわゆるヤミ米を拒否して栄養失調で死亡した山口良忠《やまぐちよしただ》判事の死が報じられたのはこの年の11月である。[1]

1947年4月のCIEラジオ課週報では、ラジオキャンペーンについての報告が上がっているが、そこに挙げられた項目は「選挙」「住宅建設」「言論の自由」「お米の配給」「新しい憲法」などで、挙げられた項目11個の中に「ウォー・ギルト」もしくは戦争関連はなかった。こうして、人々の関心が戦争から離れるにつれ、「ウォー・ギルト」に関する発信も低調となっていった。

2　映像で発信された「ウォー・ギルト」

侵略戦争という空気

この時期、人々が目にする機会が多かった媒体に、映画の上映前後で上映された映画ニュースがある。映画が最大の娯楽の一つであった時代、映画ニュースが人々に与える影響はラジオ同様に大きかった。いや、もしかすると映像を伴う分、ラジオ以上の影響があったかもしれない。

にもかかわらず、ＣＩＥ報告書における映画ニュースの扱いは小さく、ＣＩＥによる指導・介入の報告もほとんどなされていない。ＣＩＥの関与がなくとも映画ニュース社の方でＣＩＥの意向に沿った内容を製作する体制が早くから整っていたためである。

それはＧＨＱ発足前の９月に起こった。映画ニュース社の一つ「日本ニュース」は、占領開始直後の１９４５年９月22日公開２５７号で、天皇陛下の命により永積寅彦《ながづみとらひこ》侍従が原爆投下後の広島を視察した様子を報道した。これに対し検閲部門は、ニュースのタイトルが「原子爆弾」となっていたことを問題視し、差し止めを要求した。映画ニュースを見る者に、原爆投下を印象付けるタイトルであるとの理由である。さらに、挿入されているナレーションが、原爆投下によって日本が敗戦したとの印象を与える点も批判の対象となった。

結局、ナレーションの最後の「広島と長崎この二回の爆弾は思えば壮大な犠牲を伴ったが、この犠牲をして意義あらしめるためには再び繰返されることのない実験として十分な調査を必要とする」の部分が削除されて、上映された。[2]

これを機に、ＣＩＥ映画課も「日本ニュース」だけでなくすべての映画ニュースおよび映画に対し、事前チェックを開始する。「日本ニュース」側にしてみれば、検閲部門とCIEによる二重のチェックを受けることの負担は計りしれない。そのため、差し止めや削除・変更がないように、CIEの意向を汲んだ編集を行うようになり、CIE側も「日本ニュース」を自身のプロパガンダとして利用するようになった。[3]

もう一つ「日本ニュース」の報道傾向に大きな影響を与えたのは、マルキストとして逮捕経験のある岩崎《いわさき》昶《あきら》に代表される、左翼思想を持った社員の存在である。検閲とCIEの二重のチェックを受けることに加え、左翼思想を持った岩崎が制作局長に就いていたことは、「日本ニュース」の左傾化に拍車をかけることになった。「日本ニュース」では、特に東京裁判報道に力を入れていた。日本映画社のカメラマンであった藤波《ふじなみ》健彰《たけあき》によれば、GHQは「日本ニュース」が撮影した東京裁判の様子を全国の映画館で強制的に毎週上映させたという。[4]ただしこの件に関してはCIEよりも、東京裁判に深く関わっていた民間諜報局の意向が大きかったようである。

1946年3月28日公開のニュースでは「裁かれる〝侵略戦争〟A級戦犯裁判迫る」として、2分55秒にわたって東京裁判が近々開廷することを次のように報道した。

> 満目焦土のかなたに、今なお騒然としてそびえ立つのは、かつての大本営陸軍部の巨大な建物。そして今、侵略戦争が企てられたこの建物の中で、東条元首相らの歴史的裁判が行われようとしております。

また、東京裁判開廷を伝える5月9日の報道では、

> 無謀な侵略戦争をあえて計画的に行い、日本ばかりでなく東亜10億の民族を悲惨な状態に陥れた戦争犯罪容疑者、東条（英機）元大将以下28名に対する極東国際軍事裁判が始まりました。

とのアナウンスで映像報道が始まっている。この後も日本ニュースでは裁判の進行に従って、毎回のように「侵略戦争」という言葉とともに東京裁判報道を継続した。

それだけでなく、裁判以外のニュースでも「侵略」という言葉はたびたび使われた。6月20日に公開された「戦争未亡人はどうしている」でも、

一部の軍国主義者、侵略主義者のために無残な犠牲となった多くの妻や母たちは、いたずらに悲しむことをやめようではないかと、6月9日、東京京橋公会堂に遺族同盟結成大会を開きました。

とのナレーションがなされている。ここからわかるように、「日本ニュース」の戦争関連報道は常に「侵略」の言葉を伴い、「太平洋戦争史」の世界を忠実に表現していた。多くの人々が集う映画館で上映された「日本ニュース」によって醸《かも》し出された「侵略戦争」の印象は、占領期を通して戦争のイメージ形成に貢献したに違いない。

ただし、「日本ニュース」の報道に対しては、当然のことながら多方面から激しい非難が浴びせられた。岩崎は後に、観客が罵声を上げたりスクリーンに石やインキ瓶を投げつけたりした例があり、映画館主から日本ニュース社に苦情が持ち込まれたと述べている。[5]

映画界を牛耳ったコンデ

日本ニュースに左翼文化人が関わっていた背景には、ＣＩＥ映画課のデヴィッド・コンデの存在があった。彼の詳しい経歴は明らかではないが、戦争中は他のＣＩＥスタッフと同様に、米陸軍心理作戦部で対日心理作戦に従事していた。思想的にかなり共産主義に傾倒しており、実際共産党員であったとの話もある。心理作戦部の上司であったベアストックがコンデに協力を持ちかけたことで、コンデは「ウォー・ギルト・プログラム」に関わっていくようになった。

ベアストックの依頼を受け、コンデは早速、日本兵の残虐行為に関するドキュメンタリーや、戦争の開始および敗戦の理由を知らしめるための映画を製作する計画を立てた。しかし実際には、これらの映画は製作されなかった。やはり１９４６年に入ってからの宥和路線が関係しているのだろう。

結局コンデの強い指導の下で製作された「ウォー・ギルト」関連映画は、彼の思想を反映し、左翼思想の主人公が思想統制を糾弾し、反戦につなげるという共通のパターンを持った作品となった。

代表的なものとして、１９４６年2月21日公開の『大曾根家の朝』（木下恵介《きのしたけいすけ》監督　松竹）がある。４００万人を動員したこの映画は、戦後再開された同年の『キネマ旬報』で日本映画ベストテンの1位に輝いている。終戦前から終戦直後の大曾根家の出来事を通じて、リベラルな思想を持った一家がいかに戦時中に苦難の道を辿ったのか、戦後はいかに明るい未来が待っているのかを描いた映画である。この映画は軍人を徹底的に悪く描き、思想犯として逮捕された長男が戦後マッカーサーにより釈放されるシーンが挿入されている。このシーンに関して監督の木下は、コンデからの指示で仕方がなく挿入したことを認めている。[6]

1946年8月に公開された『わが青春に悔なし』（黒澤明《くろさわあきら》監督　東宝）も「ウォー・ギルト」関連映画とされている。この映画は思想弾圧により京都大学を追われた法学者の滝川《たきかわ》幸辰《ゆきとき》をモデルにしたもので、左翼運動に身を投じる青年の恋人役として出演した原節子《はらせつこ》の代表作となった。こちらも、コンデが制作に相当介入したとされている。ただし、監督の黒澤明は映画製作時には離れていたとはいえ、10代の時にプロレタリア芸術運動に加わり非合法活動に参加したこともあるなど、左翼思想を持っていた人物である。この映画はこの年の『キネマ旬報』ベストテンの2位になっている。

これらの映画内では軍国主義者が激しく糾弾されているものの、それはスミスが提案した日本軍の残虐行為を知らしめることや、ダイクの提案した東京裁判および横浜裁判の理解を促進させるといった考えとは一見して異なるものだった。

指示ではなく「サジェスチョン」

　ここで一つ確認しておかねばならないが、あくまで検閲を担当する部門はＣＩＥと別の部署であり、ＣＩＥに検閲の権限はない。検閲とは基本的に治安維持と軍事上の必要性から行うもので、都合の悪い情報を隠蔽する。これに対し、ＣＩＥの情報発信は日本人の思考回路を変えるために都合のいい情報のみを発信する。ただし、「ウォー・ギルト」に関する情報発信の中でＣＩＥが直接行ったものは初期の発信に限られており、大半はＮＨＫや「日本ニュース」など日本側が行っていた。その際、ＣＩＥは都合の悪い部分に関して削除や変更を求めたが、ＣＩＥには検閲を行う権限がない。そこで用いられた言葉が、前章にも出てきた「指示ではなくサジェスチョン」である。

　コンデも常に「指示ではなくサジェスチョン」を口にしたが、結局は従わざるを得ないのであるから、それは命令ということになる。当時の映画人の回顧録では「時の権力者に逆らえるわけはなく事実上の命令であった」と、コンデのサジェスチョンを命令と捉えていたとの声が多い。

　もちろんこれは日本側の言い分で、コンデ側の言い分からは異なる側面が見えてくる。コンデは次のように回想している。

日本映画界の指導者たちは、日本の軍部とこれに「協力」した人びとが果たした役割を「国民に痛感させる」作業を妨害した。（中略）かれらが自由な言論、思想、集会、新しい政党の結成の「助長」を望んでいないということは、私は早くから知って居た。こうした事態に気がついた私は、利潤ではなく、思想に関心を持っている人びとを探すためにプロデューサーや監督、脚本家といった映画界の中堅層に注意を向けるようになった。[7]

本書でも何度か触れたように、政治家をはじめとする保守派はＧＨＱの命令に対しサボタージュという形で抵抗していた。そのため、コンデの述べている映画界のサボタージュも誇張とは言い切れない。コンデはこうした日本側の態度に業を煮やしてかなり強硬な物言いで指示を出し、自らの思想に近い、岩崎昶、黒澤明、谷口千吉《たにぐちせんきち》といった左翼系映画人を活用するようになっていった。

コンデは映画界の自主検閲の行き過ぎについても述べている。国家主義的・軍国主義的要素を持つ映画を上映禁止にするため、コンデがそのリストを作成した。ところが、実際にそのたたき台を用意したのは日本側だった。コンデは、自己検閲は失策を恐れるあまり、いつでも行き過ぎが伴い、中には傑作と言われる映画もいくつか含まれていたと述べている。[8]残念ながらＣＩＥのサジェスチョンは正式な指令・命令ではないため、報告書や他の史料には記載されていない。そのため当事者の証言に頼る他なく、双方の言い分が異なるのはやむを得ない。しかし日本側に、自身の主張を通すために絶対的権力であるコンデのサジェスチョンを利用し、必要以上にサジェスチョンを強調した動きがあったことも事実である。

こうした構造は映画指導にかかわらず占領期にどこでも見られた。むしろ、日本側が自身の権力保持のためにＣＩＥに擦り寄り、それを利用した面もあった。それは、占領がＧＨＱと日本側の絶妙なバランスの上に成り立っていたことを示している。あくまで日本の自主性を引き出すという形でサジェスチョンを行い、日本側が過剰に反応する。ＣＩＥの意向に沿う人物を活用することで、自主的な形をとる。左翼側も自身の勢力拡大のためにＣＩＥを利用する。こうしたいわば共依存の形で「ウォー・ギルト・プログラム」は行われたのである。

なお、コンデはその後ＧＨＱの右傾化に伴い、追放の憂き目にあっている。

民間諜報局の不安

情報発信が減少し、ＣＩＥのみならず人々の関心も「ウォー・ギルト」から遠のきつつあった１９４７年末、東京裁判における東条英機の最終陳述が新たな事態を引き起こした。一時は自決に失敗したことで嘲笑の的となっていた東条であるが、言い訳を重ねる他の被告と違い、日本の正当性を堂々と主張する姿を評価する声が聞かれるようになったのである。１９４８年１月８日の『朝日新聞』の「天声人語」では次のように東条人気を紹介した。

このころ電車の中などで「東条は人気を取りもどしたね」などと言うのを耳にすることがある。本社への投書などにも東条礼賛のものを時に見受ける。今さら東条のカストリ的、電光様的迷句に酔うとは思われない。が、一部に東条陳述共鳴の気分が散見していることも見逃してはならない。

こうした東条賛美の傾向は、ＧＨＱも把握していた。私信の検閲を行っていた民間諜報局は、東条に対する評価が裁判での陳述後に変化したことを報告している。東条の毅然とした態度は愛国心と誇りを呼び起こし、東京裁判について触れた私信のうち、30％を超えるものが彼の態度を称賛していた。

東京裁判における東条英機（近現代PL／アフロ）

「東条のためらいのない堂々とした陳述を読んで心が打たれた」
「彼は正に偉大だと思う。彼の態度は他の被告と比べて堂々としていて男らしい。自分も彼のような態度をとれたらと思う」
「我々は軍国主義者が戦争の勃発を見越すことが出来ず、我々がそうであるように愛国心と自衛のために戦争を遂行したと信じる」

東条を称賛する言葉だけでなく、中には戦争を「避けられなかった自衛戦争」とする手紙もあり、東京裁判判決を前に心配の種となるには十分なものであった。

さらに、同年1月20日に洋洋社から発売された『東条英機宣誓供述書：天皇に責任なし責任は我にあり』が、民間諜報局の不安に拍車をかけた。著者は東京裁判研究会とあるが、これは読者に強い印象を与えるために付けられたもので、実際は東京裁判を報道してきた記者の大久保なる人物の発案で出版されたものである。この本は、事後検閲に出された2月15日以降、民間諜報局および国際検察局等で様々な議論を巻き起こした。それは本の冒頭「編者の言葉」において、「その供述書は彼の『必死の告白』に外ならず全世界、全世界史に対して訴える最大の抗議である」と東条の供述を支持し、最後は「本書こそは現代日本人の誰もが必読すべき世紀の書であり、後世史家のためには、『日本帝国崩壊史』の最重要文献と云うべきである」との文言で締めくくっているからであった。

第三段階への提言

こうした状況を背景に、1948年2月8日、民間諜報局は、東条賛美の傾向が見られることと、広島の原爆投下に対する国民の態度が疑わしいものとなっていることから、これまで二段階にわたって行われてきた「ウォー・ギルト・プログラム」（原文ではウォー・ギルト・インフォメーション・プログラム）がうまくいっていないとの危惧を示し、プログラムを、第三段階という新たな段階に引き上げることをＣＩＥに提言した。これを受け、ＣＩＥは民間諜報局の提言に対する正式な回答として、３月３日付で覚書を提出した。実はこのやりとりこそ、江藤淳が洗脳を主張した際に根拠とした文書である。

そこでここから、このＣＩＥから出された覚書を詳しく見ていきたい。この覚書には、まず、民間諜報局の提言を受け、東京裁判判決を日本国民が受容するための準備として、より優先度の高い情報プログラム「ウォー・ギルト・プログラム」（原文はウォー・ギルト・インフォメーション・プログラム）を行うと書かれていた。その理由として、参謀第二部および他の情報源から、原爆投下を批判する米国の科学者やジャーナリストらの動きと連動して、日本でも批判が高まる恐れがあること、そして日本の侵略と超国家主義を正当化しようとしている一部の日本人の間で、東条に対する称賛の声のみならず、彼を殉教者とみなす動きまでもが起こっていることが記されている。さらに、こうした動きを見過ごせば、現在は鳴りを潜めている超国家主義者が占領終了後に再び台頭してくる可能性があることも指摘していた。その後覚書は、新たな施策の提言へと続く。

では、ＣＩＥは新たな段階としてどのような政策を提言したのであろうか。まず新聞については、これまで同様、東京裁判に関して客観的な論説と報道が行われるように、担当者が広報活動や指導を継続することが記されている。これは、文中に何度か「継続する」(continue)という語が使われていることからも明らかなように、それまでの方針を継続したにすぎない。ただし、4月に予定されている原爆関連の式典にも代表者を派遣して新聞が正しく報道するように指導すること、という記載は注目に値する。原爆関連報道への指導についてはこれまでのプログラムでは行われておらず、言及されることはほとんどなかったからである。

ラジオについても、特に真新しいものはなくこれまで同様の報道を続けることが記されているが、やはり新聞同様、4月の広島の式典のためにラジオ課の担当者を派遣することが書かれている。どうやらCIEは広島の式典に関する報道を非常に気にしていたようだ。こうしてこれまでの方向性の継続を確認した後、次の三点が提案された。

・東京裁判判決に備えてポスターを作成する
・有名な米国人歴史家を日本に連れてきて、戦犯裁判と占領目的を含む太平洋戦争の新しい歴史を書いてもらうことを検討

・広島についての総括を米国の一流誌に掲載することの推奨

そして最後に、次の出版関連の施策が示されている。

・朝日が発行する予定である書籍『キーナン首席検事の論告文』（筆者注：『文明の要求：極東国際軍事裁判最終論告全文』１９４８年３月発売を指すものと思われる）を補完するために、検察側の論告の全文を出版するよう促す

以上の提案から新たな段階とはいったいどのようなものかを推察すると、次の二つの方向性が浮かぶ。まず、大規模な情報発信を再開する、もしくは情報発信量を大幅に増やすという意味での新たな段階である。プログラム開始当初はＣＩＥ自らが「太平洋戦争史」や『真相はこうだ』といった積極的な情報発信を実施していたが、ニュージェント局長が就任した第二段階以降は、日本側の発信をサポートする形へと移っていった。ポスターを作成し、新しい「太平洋戦争史」を書いてもらうことになれば、プログラム開始当初と同様の、ＣＩＥ自らの大々的な情報発信といえる。

もう一つ別の方向性として、東条と原爆投下に的を絞ったプログラムを実施するという捉え方もできる。とりわけ原爆投下に関しての発信はこれまで少なかったことを考えると、これに特化したプログラムを実施するのであれば、それは新たな段階といえるだろう。

原爆投下批判に対する恐れ

ところで、この経緯で一つ疑問に感じるのは、なぜこの時期に原爆投下批判への対応が必要になったのかである。しかも、これまでは原爆投下批判を抑え込むための情報発信にはさほど積極的でなかったにもかかわらず、だ。

米国では原爆投下直後から、圧倒的な支持の裏で、少数とはいえ批判意見が存在していた。しかしそれは、トルーマンの「多くの米兵の命を救った」という声明や、実際に戦争が終わったことによる喜びでかき消されてしまった。批判が表面に浮き上がってきたのは、1946年8月、原爆投下直後の広島の惨劇を書いた、ジョン・ハーシーの『ヒロシマ』が、雑誌『ニューヨーカー』に掲載された後であった。ジャーナリストのノーマン・カズンズは、『サタデー・レビュー・リテラチュア』にこれまでの公式見解、即ち、原爆投下により多くの米兵の命が救われたとの見解に対する反論とともに質問を掲載した。これらの動きを抑えるため、原爆投下時の陸軍長官であったスティムソンにより書かれた「原爆使用の決断」が『ハーパーズマガジン』1947年2月号に掲載され、「原爆投下は戦争の終結を早め100万人の米兵の命を救った」との言説が広まっていった。しかしこの後も、宗教関係者などからの批判は水面下で静かに継続していた。

ハーシーの『ヒロシマ』は、6人の被爆者を取り上げている。その中の一人に牧師の谷本《たにもと》清《きよし》がいた。米国留学経験があり米国に人脈のある谷本の下には、『ヒロシマ』出版後に、米国から多くの救援物資が届くようになった。谷本の出身校であるエモリー大学の学生・教員らは1947年春に「ヒロシマ・プロジェクト」と名付けた、広島に食料や医薬品を送る計画を立ち上げていた。[9] また『ヒロシマ』を読んだ人々からも多くの書簡が寄せられ、救援物資の申し出が相次いでいた。[10]

こうした状況下、谷本はUP通信のインタビューで、8月6日を「世界平和デー」として、次なる広島が生まれないよう祈りを表明する祭典とし、広島を世界中の平和を求める人々の中核都市にしたいと答えた。即ち「ノーモアヒロシマ」キャンペーンである。しかも、このキャンペーンに、米国側が協力をするという案も述べた。日本だけでなく米国でも「ノーモアヒロシマ」キャンペーンが盛り上がることが、GHQにとって好ましい状況ではないことは容易に想像できる。

ＣＩＥから出された第三段階の提言書に、「広島についての総括を米国の一流誌に掲載することの推奨」とあるが、日本国内の政策にもかかわらず米国の雑誌に掲載するということは、やはり米国内でこうした運動が高まることを恐れたのと同時に、それが日本に波及することを懸念していたからである。

何が実施されたのか

このやり取りの後、４月22日のＣＩＥ週報で、新たな「ウォー・ギルト・プログラム」が認可されたことが報告された。この時点で、「日本人再方向付け政策」による情報発信は「インフォメーション・プログラム」と呼ばれるようになっており、週報ではこれに関わる情報発信がまとめて報告されていた。そこに、「婦人」「公衆衛生」「農業」などといった多くの項目と並んで「ウォー・ギルト」が新たに追加されたわけだ。これまで２年以上にわたり「ウォー・ギルト」という言葉が報告書でほとんど見られなかったことを考えれば、ＣＩＥが改めて真摯に「ウォー・ギルト」に取り組む姿勢を示したといえる。

ところが、項目こそ復活したものの、「ウォー・ギルト」に関する情報発信は他の項目と比較して決して多くはない。しばらくの間はラジオ番組『横浜裁判報告』と、映画館で上映される映画ニュースのみであった。言うまでもなく、すべてこれまでの継続にすぎない。その後6月10日と24日に、新たな施策として提案されていたポスターについて参謀第二部と打ち合わせを行ったことが報告されているが（24日は電話のみ）、結局この計画は途中で取りやめになった。

注目すべきは、ポスターについての打ち合わせを行った6月10日に、「横浜裁判に重点を置いて、認定されたプログラムの目的を継続する」との報告がなされていることである。東京裁判判決、とりわけ東条に対する判決への受け入れ不安、そして原爆投下に対する批判への不安から新たな段階に入ることが提言されたにもかかわらず、横浜裁判に重点を置くというのはどういうことであろうか。

その後9月に入ると、11月に予定されている東京裁判判決の概要作成に関する報告が上がり始める。これは国際法学者の横田喜三郎《よこたきさぶろう》らを招いて作成していた判決文の日本語訳と同時進行で、港区の服部時計店社長邸を接収した通称「服部ハウス」で行われた。CIEはGHQの広報部門としての役割も担っていたため、概要の作成は、プログラムの新たな段階とは関係なく必ず実施されたはずである。東京裁判は実質的にGHQの政策として行われ、また戦後国際社会の規範に関わる重要な裁判である。共同謀議という英米法の概念を正しく理解させるためにも、ＧＨＱの通訳官や法律の素人である日本人翻訳者ではなく、横田喜三郎のような国際法に精通した学者による翻訳は、ＣＩＥだけでなくＧＨＱにとっても必須であった。それゆえ、この件に関してはＣＩＥだけでなく他部署と協力のうえで行われた。

判決後の12月16日に、各映画ニュース社が共同制作した東京裁判の記録映画『東京裁判・世紀の判決』をＧＨＱ側が視聴した報告も上げられている。この記録映画は東条らの判決時の様子をまとめたもので18分と短い。こうした記録映画による情報発信も以前から行われていたものであり、新たな施策と呼べるものではなく、そもそもＣＩＥが制作したものでもない。そして１９４９年10月の横浜裁判終了後、ＣＩＥ週報からは「ウォー・ギルト」に関する報告は見られなくなった。

広島の式典報道への指導に関しては、48年5月に開催された広島児童文化会館の開館式に係官を派遣したが、これに関しては「ウォー・ギルト」の項目とは別に報告されている。広島児童文化会館はＣＩＥのハワード・ベルが提唱し、民間資金で建設された児童向け施設である。ＣＩＥはこの施設の宣伝に相当力を入れ、開館式には係官を派遣し報道を監視した他、式典の様子はラジオでも中継された。それは単にＣＩＥの肝いりの施設だというだけでなく、どうやらＣＩＥは、この施設を作ることが米国の罪滅ぼしと報道されることを嫌がっていた節がある。いずれにせよ、「ウォー・ギルト」の項目とは別に報告されていることから、ＣＩＥはこの活動を「ウォー・ギルト」とは切り離して考えていたことがわかる。

東京裁判の検察側論告の全文を掲載した出版物は、ＣＩＥ週報では報告されていないが、雄元社もしくは近藤書店から刊行された書籍が当てはまる可能性がある。[11] ただし、これにＣＩＥが関与したことを示す史料はなく、他の関連本同様、出版社が自主的に出版した可能性も捨てきれない。またたとえＣＩＥが関与していたとしても、記録映画『東京裁判・世紀の判決』同様、これまでも実施されてきたもので、特に新たな施策ではない。

広島児童文化会館（国立公文書館アーカイブズより）

むしろ失速した「ウォー・ギルト」

以上のようにＣＩＥ週報を辿っていくと、結局、これまで行われていた政策を継続したにすぎず、3月3日付の覚書で提案されたＣＩＥ自らの積極的な情報発信がなされたわけでも、東条や原爆投下に特化した施策が行われたわけでもなかった。途中から横浜裁判に重点を置くことになったとの報告が挙げられていることを考えても、第三段階への提言は計画倒れに終わったと考えていいだろう。

加えて、3月3日付のCIEの覚書で「より優先度の高い情報プログラムを実施する」と書かれているにもかかわらず、その優先度は高くなかったようである。週報における「ウォー・ギルト」に関する報告は、他のインフォメーション・プログラム項目に比べて非常に少ない。次ページの表は、インフォメーション・プログラムの対象となっている項目ごとの情報発信数を示した一覧表である。CIEは8月以降、週報にこの表を毎週掲載するようになった。結果、どの項目がどの程度情報発信されているか、即ちCIEがどの項目に力を入れているかがわかりやすくなった。これを見ると、「ウォー・ギルト」に関する情報発信は週に10以下のことが多い。多い項目では週によっては100以上の情報発信がされることもあり、情報発信量だけをとれば「ウォー・ギルト」は明らかに最下位グループに分類される。優先度が高いどころか、むしろ低いのではないかと思われるほどの少なさである。

東京裁判判決報道に関しても、さほど力を入れていたとは思えない。東京裁判判決言い渡しは11月4日から始まり、12日まで続いた。その間、ラジオ第一放送で午後10時から10時半まで30分間の『今日の極東裁判』が放送され、その日の法廷の模様を伝えた。繰り返しにな

USE OF MEDIA IN ALL INFORMATION PROGRAMS FOR WEEK ENDING 4 November 1948

CONFIDENTIAL

Name of Program	Radio Bdcasts.	Press Releases	Press Confs.	Press Stories	Press Advts.	Magazine	Visual (Poster)	Visual (Other)	Films (Doc.)	Films (News)	Publications	Public Mtgs.	Special
Agricultural Co-ops.	5					4		1					
Crop Production and Collection	51	4	2										
Agricultural Extension	2	2	1			3							
Reforestation and Conservation	4									1			
Gen'l Price Stabilization	7	2		13			3			2	4	1	7
Rationing of Perishables	8	1		7									
Land Reform	4			3			1				2		
Public Health Information-Education	43	1		16		3		1		1			
Public Welfare	13	1		27		2	2			3			
Public Safety	29	4		13			1		3	1			
Board of Education Program	3			7									
Women's & Minors' Bureau	3			4								12	
Women's Organizations	6			5								4	
Women's Affairs General	9			6						1		2	
Women in Gov't & Politics				8								5	
Labor-Management	3			8		5					2	2	
Construction & Housing	3	2		6		1		1			1		
Industrial Democratization	4	1	1	3	2	3	1		1			2	
Taxation	16			3			1	1		1			
Tobacco Monopoly	18	1		3	2		6			1	1		2
Yen Savings	20	1		1				1				2	
Coal	1	6	1	2						1			
Political Information-Education	23	4	9		1	3	2	3	10		1	8	
War Guilt	6	4											

CONFIDENTIAL

東京裁判判決前の11月4日の情報プログラムの一覧表。War Guilt（一番下）の発信量はこの時期でも非常に少ないことがわかる。

るが、この番組は番組名こそ異なるが東京裁判の開始以来継続されている番組である。これに加え、最終日にはラジオ第二放送では朝から夕方まで法廷の様子が生中継された。そのため、この間の東京裁判判決報道は40時間に上った。

40時間というと相当な報道量と感じるかもしれない。しかしながらその実態を見ると、CIEが本当に東京裁判判決の報道に注力していたのかと、首をかしげざるを得ない。まず、判決の生中継が行われた第二放送であるが、この放送は大都市の中央局でしか放送しておらず、受信できる地域が限られていた。今でいうところのNHKのサブチャンネルもしくはBS放送の位置づけに近い。

一方、受信契約さえすれば誰もが聞くことができる第一放送での東京裁判の扱いは、裁判開廷時と比較して多いわけではない。それどころか、むしろ、東京裁判報道番組の開始時間は、裁判開廷時には、午後7時であったものが午後10時へと繰り下げられている。当時の午後10時は、現在の深夜枠にあたる時間帯であり、明らかに格落ちであろう。さすがに判決最終日の11月12日は午後8時から1時間の特別番組が放送されたが、それとて1時間まるまる東京裁判判決に充てられたわけではない。番組表から推察すると、東京裁判判決に充てられた時間はせいぜい30分程度だろう。この日の第一放送は、この番組以外は通常通りの番組編成で、裁判に関する特集が組まれた様子もない。5月3日の憲法施行一周年記念日にいくつかの特集番組が放送されたこととは大きな違いである。さらに、この日は午後0時半より「第一日新丸捕鯨艦隊出航実況」が生中継されていた。つまりこの時期、CIEは東京裁判判決よりも経済復興のための捕鯨船の出航を重視していたことになる。

なぜ方針が撤回されたのか

ではなぜ、第三段階への引き上げ計画は途中でとん挫したのであろうか。この点についてCIE文書では触れられていないが、考えられる理由をいくつか挙げてみる。まずは、提言書の方針が撤回されたと考えられる時期に注目したい。横浜裁判に重点を置くことが報告されたのは、6月10日である。当初の計画通りに進められたポスターシリーズの報告も7月8日を最後に消えた。7月8日の打ち合わせはポスターシリーズ中止の連絡であった可能性もあるが、いずれにせよ、6月から7月が転換点だったと考えられる。いったいこの時期に何があったのか。

実はこの時期、占領政策そのものにおいて、「逆コース」という一大転換期を迎えようとしていた。CIEが新たな段階への模索を行っていた頃、早期講和に消極的な国務省政策企画本部長ジョージ・ケナンが、日本の占領政策の視察とマッカーサーとの会談のために来日していた。彼は、精力的に日本で活動した後、１９４８年3月25日付で、早期講和に慎重論を唱える「米国の対日政策に関する勧告」を国務省に提出した。これを受け、国務省は5月26日に、「米国の対日政策に関する勧告」ＮＳＣ13／2文書をまとめた。このＮＳＣ13／2という文書は、日本占領方針の重点を、日本を共産化させないために経済復興へと移すことを明記した、「逆コース」への転換を促した文書として知られている。

つまり、6月から7月は米国国務省でまさにこのＮＳＣ13／2が議論されていた時期であり、「ウォー・ギルト・プログラム」を支えていた、軍国主義を排除して日本を民主化するという占領基本方針自体が、何をおいても経済復興することへと転換する過程にあったのである。この後、予定されていた第二次東京裁判は中止となり、裁判を待っていた岸信介《きしのぶすけ》らのA級戦犯は釈放されることになる。

これ以外に、そもそも第三段階を実施する必要性が失われたことも考えられる。もともと第三段階への提言がなされた理由となった、東条に対する賛美の声への不安は杞憂に終わった。確かに、１９４７年12月に行われた東条の陳述は、敗戦国である日本国民の誇りを取り戻し、一時的とはいえ東条の評価が上がった。しかしこの後、東条賛美の機運が国民全体で盛り上がったわけではなく、むしろ次第に衰退していった。私信の検閲報告では、東条に好意的な手紙は、時間とともに減少したことが報告されている。そして反比例するように東条や軍国主義者を非難する内容の手紙が増加していった。結局、東条の陳述直後に沸き上がった賛美は一部の声で、かつ一時的なものであったということになる。

原爆投下批判の高まりへの恐れも同様に、杞憂に終わった。この時期だけでなくこれ以降も、占領期に表立った原爆投下批判が沸き起こることはなかった。GHQは広島・長崎での被害が恨みを引き起こし、それが憎悪となってGHQへの抵抗につながることを恐れていたが、結局そうしたステップを辿ることはなかった。谷本清によれば、被爆者の中で原爆を呪い、怨嗟《えんさ》する声はあまり聞かず、「仕方がない」との思いに到達していたという[12]。

この時点で「ウォー・ギルト・プログラム」開始当初と異なり、新聞懇談会の効果もあって、CIEの働きかけがなくともメディアがCIEの意向に沿った報道を行う体制が構築されていたことも大きい。ダイク時代に開催された東京裁判に関する新聞懇談会では、婉曲《えんきょく》的な言い回しとはいえ、記事に対する希望が伝えられた。しかし判決前の懇談会では、カメラマンの位置や機材の使用方法など技術的な説明に終始し、記事に関する言及は一切なかった。既に介入がなくともCIEが満足のいく報道がなされるようになっていたからである。

実際、新聞報道に対しては、特に目新しい施策もなくこれまで通り係官を派遣して監視する程度にとどめられたが、各社の判決に関する社説は「判決を国民が自分のものとして受け止めよ」という趣旨で一致しており、CIEの期待通りのものであった。

さらに、あくまで推論であることを断ったうえであえて言及すれば、この第三段階への引き上げ提言に関しては、民間諜報局の先走りだった可能性もある。というのも、民間諜報局は戦争犯罪人摘発や東京裁判に深く関わっており、もともとCIE以上に東京裁判の動向に敏感であった。またこの時期にはマッカーサーの大統領選出馬も計画されており、万が一にも東京裁判判決に対し強い不満が噴出し占領自体が不安定になることは避けねばならなかった。一方でCIEは東京裁判判決受け入れよりもむしろ、原爆投下批判が表面化することを非常に恐れていた節がある。

結局マッカーサーの大統領選出馬への期待は4月の予備選敗退で急速にしぼんでいくが、この第三段階への提言の背景の一側面として、大統領選への不安視があり、それに原爆投下批判の高まりを恐れるCIEが乗ったという見方も、あながち否定されるものではないと考える。

江藤淳は効果が上がらなかったことを理解していた

いずれにせよ、第三段階への提言は出されたものの、結局新たな段階には引き上げられず、それまでと変わらず細々と継続されたにすぎなかった。

つまり江藤は、途中で方針が転換され、実施されなかった第三段階への提言書に依拠して「ウォー・ギルト・プログラム」を評価したことになる。この文書は、「ウォー・ギルト・プログラム」における経過の一つにすぎない。せめて江藤がこの時期のＣＩＥ週報を見ていれば、６月10日の横浜裁判に重点を置くという、提言書とは異なる報告に疑問を抱いたはずである。また、この時期、他の情報プログラムと比して「ウォー・ギルト」の重要性はさほど高くなかったことも理解したであろう。

しかし、ここで奇妙な二つの点に気づく。まず、『閉された言語空間』の大半は検閲に関する論考であるが、それは占領悪玉史観が見え隠れするとの批判はあるものの、多岐にわたる史料を用い緻密な検証がなされている。ところが「ウォー・ギルト・プログラム」に関しては、基本であるＣＩＥ週報すら検証せずに結論を出す、かなり杜撰《ずさん》な論考である。ＣＩＥ週報はＣＩＥ研究における基本文書であり、これを検証せずにＣＩＥ政策を語ることなどできない。なぜ江藤ともあろうものが、こうした杜撰な論考を記したのであろうか。

もう一つは、江藤自身『閉された言語空間』において、当時「ウォー・ギルト・プログラム」が効果を挙げなかった点を認めていることである。江藤は次のように書いている。

前掲のCI&E文書が自認する通り、占領初期の昭和20年（1945年）から昭和23年（1948年）にいたる段階では「ウォー・ギルト・インフォメーション・プログラム」は、かならずしもCI&Eの期待通りの成果を上げるにはいたっていなかった。[13]

終戦時に12歳、東京裁判判決の時点で15歳であった1932年生まれの江藤にとって、当時「ウォー・ギルト」という概念など日本人の間に浸透しておらずCIEの思い通りにいかなかったことは、当然のことながら理解していた。

それゆえ江藤は、このプログラムの効果は「太平洋戦争史」の記述が戦後歴史記述のパラダイムを規定し、その記述をテクストとして教育された世代が社会の中堅を占めたことで発揮したとする、二段論法を用いた。

既にいくつかの先行研究で明らかにされているが、[14]占領終了直後の一部歴史教科書を除けば、1970年代後半までの教科書では「侵略」という言葉も、「南京虐殺」に代表される残虐行為もほとんど記述されていなかった。これらが多くの教科書に記述されるようになったのは80年代以降である。90年代には「侵略」、日本の残虐行為とともに大きく扱われるようになったが、その後２０００年代に入り再び加害記述の減少傾向が見られる。

また、いわゆる「8月ジャーナリズム」といわれる終戦記念日前後のテレビ報道を検証した米倉律《よねくらりつ》によれば、１９７０年代までの「8月ジャーナリズム」は日本の被害が中心であり、加害についての報道はほとんどない。こちらも80年代から90年代にかけて侵略や加害の報道が増えてきた[15]。

まえがきでも少し触れたように、国際社会が日本の戦争を「侵略」であると捉えている以上、その枠組みを大きく超える語りができなかったのは事実である。しかし、80年代から90年代を除けば、江藤の言うところの「『太平洋戦争史』の記述をテクストとして教育された」には疑問を抱かざるを得ない。

誤解の裏にあった怒り

一体、なぜ江藤は「太平洋戦争史」による間接的な洗脳、即ち「ウォー・ギルト・プログラム」による洗脳説を打ち出したのか。この疑問に対する答えは、江藤自身の次の言葉から得ることができる。

なぜなら、教科書論争も、昭和五十七年（1982年）夏の中・韓両国に対する鈴木内閣の屈辱的な土下座外交も、（中略）昭和二十年（1945年）十二月八日を期して各紙に連載を命じられた、「太平洋戦争史」と題するＣＩ＆Ｅ製の宣伝文書に端を発する空騒ぎだと、いわざるを得ないからである。[16]

つまり、1970年代に入り次第に日本の加害責任を問う声が大きくなったことに不満を持っていた江藤にとって、1982年の教科書問題とそれに続く近隣諸国条項（※）、そしてこれに伴う鈴木善幸《すずきぜんこう》首相の土下座外交は、衝撃的な事件であった。

小熊英二が言うところの、国家を語ることによって個人のアイデンティティを満たすという保守論調を生み出した[17]江藤は、この一連の出来事を、見過ごすことのできないものと捉えた。江藤の憤懣《ふんまん》やるかたない気持ちのはけ口は、偶然米国で手にした資料にぶつけられたであろうこともまた想像がつく。『閉された言語空間』の「ウォー・ギルト・プログラム」部分が雑誌『諸君』に掲載されたのは、まさにこの土下座外交の後の84年である。従来から占領悪玉史観を持っていた江藤は、この資料を基にＧＨＱによる洗脳との結論を導き出す一方で、当時を生きた自らの経験をもって「ウォー・ギルト」などといった議論が国民の中に浸透していなかったことも理解していた。その矛盾を覆い隠すための論理が、歴史記述を引き継いだことで間接的に洗脳されたとするものである。

もともと江藤の留学は占領期の検閲を検証するためであり、「ウォー・ギルト・プログラム」を念頭に置いていたわけではない。そのため、「ウォー・ギルト」に関しては偶然手にした資料以外は、つまりＣＩＥ週報などの基本関連資料は入手していなかった。「ウォー・ギルト・プログラム」に関する論考は、近隣諸国条項に動機付けられた想定外のものであったとすれば、江藤はＣＩＥ週報を検証しなかったのではなく、できなかったのだろう。[18]

ただし、江藤が「ウォー・ギルト・プログラム」を「戦争についての罪悪感を日本人の心に植えつけるための宣伝計画」と解釈したことについては、言葉の選択に江藤の占領悪玉史観が反映されているとはいえ、全くの的外れともいえない。「ウォー・ギルト」を国民に理

教科書問題と近隣諸国条項　１９８２年、文部省の歴史教科書検定で「侵略」が「進出」に書きかえさせられたとの報道がなされ、中国・韓国との間で外交問題に発展した。その後、歴史教科書記述においては、近隣諸国に配慮するという「近隣諸国条項」が検定基準に入れられることになった。

解させることは、最終的には戦争で犯した罪についての罪悪感を持たせることにつながる。その意味では、数少ない史料から本質をかぎ取った江藤の嗅覚のするどさは健在であった。

新井少年と東京裁判判決

第2章で紹介した『真相はこうだ』、そしてそれに続く『真相箱』を夢中になって聞いていた新井俊一郎は、東京裁判判決時には高校生になっていた。新井は当時を振り返って次のように述べている。

すっかり軍国少年を脱し、周囲には「軍国主義少年から平和国家少年だ」と言い放った。次第にアジア解放のためと言いながらも日本がアジアを占領し現地の人たちを傷つけたことも理解するようになり、罪を償わなければならないとも思った。明らかな侵略であり、他国に軍隊で攻めていき他国の人たちを苦しめたのであるから罰を受けるのは当たり前だが、誰が受けるのかが問題だと思った。

校内放送班になっていた新井は、判決日の実況を校内放送で流し、その後、校内の生徒に意見を聞いている。一年生の男子生徒は次のように答えた。「僕は彼らの犯した罪については当然だと思いますが、82歳という長老者もいることですし、人情的に考えると少しかわいそうに思います。けれども、ドイツのニュルンベルグ裁判と比べると全般的に軽いという感じがします」。続いて二年生の女子生徒が「私は判決については、東条は当然の判決だと思いますが、広田被告は何だか気の毒に思います。そして全体としては少し刑が重いと思います」と答えた[19]。

新井自身は、東京裁判判決を全面的に肯定していたわけではない。勝った側が裁くのだから結論は最初からわかっている。本来は日本自身の手で裁くべきではなかったのかとも考えていた。生徒たちの間で刑の重さについては意見が分かれたものの、有罪を不当だとはしていない。おそらく東京裁判で被告らが有罪になることは予想通りであり、それゆえ刑の重さに注目したのだろう。

人々の反応

民間諜報局が行っていた私信検閲報告書によれば、東京裁判について触れた私信のうち、判決内容を評価するものが34％、批判的なものが39％、判決に関しては触れていないものが

27%とされ、若干批判的なものが多かった。[20] ただし、山下裁判で起こったような助命嘆願運動は一部を除き見られなかった。もともと東京裁判で死刑判決を受けたA級戦犯に対しては、広田は別として、国民の間から責任を問う声もあった。とりわけ戦争開始時の首相であった東条に対しては、終戦前から水面下での批判は多く、その声は自決失敗でピークに達した。東京裁判の最終陳述後に東条の評価が一時的にせよ上がったのは、裁判に対し堂々と物言う姿勢が評価されてのことである。その裏に、表向きは占領を受け入れ、いやむしろ占領に擦り寄る形で日々を過ごしている人々の、割り切れない鬱積《うっせき》した気持ちがあったことが垣間見える。

戦犯をめぐる占領軍との交渉に苦悩を重ねていた鈴木九萬は、判決について次のように短く日記に記している。

今日の午後、極東国際軍事裁判では、東条大将をはじめとする24人の戦争犯罪者に判決が下された。絞首刑が7名（広田もその一人）、無期懲役が16名、東郷[21]は懲役20年が言い渡された。重光は懲役7年。彼は、捕虜虐待に関する抗議を放置した罪で有罪となった。私もその責任を負うべきかが次なる問題となる。[22]

人々は決して東京裁判判決をこぞって受け入れたわけではない。先に示した私信の検閲結果からも明らかなように、批判も多かった。その一方で、新井の同級生も、鈴木も、判決で東条らが有罪となったことは当然のこととして受け止めている。それは裁判に納得してというより、新井同様「敗けたのであるから仕方がない」という諦めの気持ちからきていた。人々にとって、A級戦犯の判決よりも自身の日々の生活の方が大切であった。占領政策の関心が軍国主義の排除と民主化から経済復興へ移っていたのと同様、人々の関心も既に東京裁判から離れていた。鈴木の関心は、自身が捕虜虐待の罪に問われるのではないかという点にあり、人々の関心は捕鯨船出航に向けられていたのである。

1　「われ判事の職にあり」『朝日新聞』西部本社1947年11月4日

2　「日本ニュース」第257号（https://www2.nhk.or.jp/archives/shogenarchives/jpnews/list.cgi）とAtomic Bomb Films. CIS03922に含まれている「日本ニュース」録音原稿との比較による。

3　Consolidated Reportによれば、CIEの指導は基本的に事前と事後の二度にわたって行われた。

4　藤波健彰『ニュースカメラマン』中央公論社、1977年、325頁

5　岩崎昶『占領されたスクリーン　わが戦後史』新日本出版社、1975年、74頁

6 木下惠介「自作を語る・木下惠介」『キネマ旬報』1955年4月上旬号、33頁
7 デヴィッド・コンデ「日本映画の占領史」岩波書店『世界』1965年8月号、251頁
8 同右、252頁
9 川口悠子「「谷本清とヒロシマ・ピース・センター」」『同時代史研究』3号、2010年、6頁
10 同右、7頁
11 雄元社編集部編『東京裁判大論告集：世紀の戦争犯罪史』(雄元社、1948年)
近藤書店出版部編『キーナン検事と東条被告：極東国際軍事裁判法廷に於ける一問一答全文』(近藤書店、1948年)
これらのいずれかが「ウォー・ギルト」文書で提案された書籍にあたる可能性はある。
12 谷本清『広島原爆とアメリカ人』日本放送出版協会、1976年、42頁
13 江藤淳『閉された言語空間』文春文庫、1994年、271-272頁
14 例えば岡本智周『国民史の変貌—日米歴史教科書とグローバル時代のナショナリズム』日本評論社、2001年
15 米倉律『「八月ジャーナリズム」と戦後日本—戦争の記憶はどう作られてきたのか』花伝社、2021年
16 前掲書江藤、272頁
17 小熊英二『〈民主〉と〈愛国〉—戦後日本のナショナリズムと公共性』新曜社、2002年、656頁
18 なお現在は国会図書館憲政資料室においてGHQ資料の閲覧が可能である。

19 新井俊一郎『激動の昭和史を生きて：戦争の時代を乗り越え半世紀』２００９年、１９４‐１９５頁（非売品）
20 川島高峰監修『占領軍治安・諜報月報』第10巻、現代史料出版、２００５年、５２４‐５２６頁
21 東郷茂徳。開戦時と終戦時に外務大臣を務めた。
22 矢嶋光「鈴木九萬日記（１）１９４８年１月１日〜１９５０年４月30日」『名城法学』70（２）、２０２０年、１９８頁

第4章　「ウォー・ギルト」の本質に向き合う

改めて「ウォー・ギルト」とは何か

本章ではこれまでの議論をふまえて、改めて「ウォー・ギルト」とは具体的に何を指すのか、その本質は何か、という当初からの問いに向き合ってみたい。

「ウォー・ギルト・プログラム」は、日本人再教育のために行われたCIEによる情報発信の一つである。CIE設立指令にある、「すべての階層の日本人に、彼らの〝敗戦の真実〟、彼らの〝ウォー・ギルト〟、現在および将来の日本の苦境に対する軍国主義者の責任、連合国による軍事占領の理由と目的を、周知させる」に従って実施されたもので、その背景には、「占領軍が進駐した当時、日本人の間では〝ウォー・ギルト〟に関する意識が希薄であった。戦争を開始した理由、敗れた理由、兵士による虐殺を知らず、贖罪意識がほとんどなかった」ことがあった。

このように、「ウォー・ギルト・プログラム」の目的・背景については、GHQ史料で明確化されている。また、まえがきで指摘したように、CIE史料の言葉の用い方から、「ウォー・ギルト」とは戦争の罪や罪を犯したことを指す概念であることがわかる。しかし、これらの史料を一見しただけでは、「ウォー・ギルト・プログラム」の具体的な輪郭を描くことは容易ではない。

その理由は、まず、既に指摘した通り（第2章「ダイクの覚書」参照）、ＣＩＥの情報発信はテーマとラジオ番組などが必ずしも結びついているわけではないことがある。実際には一つの発信で複数のテーマが発信されるなど複雑に混じりあっているため、何が「ウォー・ギルト・プログラム」なのかがわかりにくい。例えば『太平洋戦争史』や『真相箱』で言論の自由や親米化が発信され、民主化啓蒙を目的とした『質問箱』で「ウォー・ギルト」が発信されていた。

次に、開始当初こそＣＩＥは盛んに情報発信を行っていたが、次第にその量は少なくなり、日本人による発信が増加した。また媒体や時期によって発信内容が異なり、ＣＩＥ報告書から「ウォー・ギルト」が消えた後も細々と情報発信が続けられるなど、体系的な施策ではなかったことが挙げられる。

端的に言えば、「ウォー・ギルト・プログラム」は、占領初期の日本人の残虐行為や敗戦に対する態度が米国の考えていたものと異なった結果、急遽実施されたもので、当初からの占領方針には沿っていたものの、イレギュラーな側面を持つ政策であった。占領が軌道に乗りスミスやダイクといった対日心理作戦に携わったメンバーが帰国して以降、初期のような積極的な情報発信が行われなくなったのは必然であっただろう。しかし、「ウォー・ギルト・プログラム」の根底には、一貫して残虐行為および侵略行為に対する日本人の罪の意識のなさ、それを見て見ぬふりをしてきた日本社会に対する違和感があった。

民間史料局のクリッピング史料

ここで、この捉え方が間違っていないことを示すために、GHQ民間史料局が「ウォー・ギルト」と「敗戦の原因」に関する新聞記事をクリッピング（切り抜き保存）した史料を紹介したい。この史料において重要な点は次の二つである。

まずクリッピングされた記事の大半が1946年5月末までの記事で、それ以降のクリッピング記事は2件しかない点だ。とりわけ45年12月までの記事が多く、これはCIE日報および週報に記載されている「ウォー・ギルト」関連の報告量とも一致する。さらに46年5月末とはまさに「ウォー・ギルト・プログラム」第一段階が終了した時期である。つまりこの史料からは、CIEのみならずGHQも「ウォー・ギルト」に対する関心が最も高かったのが45年12月までで、46年6月以降、関心は低下していることがわかる。

もう一つは、1946年6月以降にクリッピングされている2件の記事の内容である。1件目は、新聞社は不明であるが、47年8月10日の「国民は敗戦の重要性を認識せねばならない」との記事である。そして2件目は、49年9月13日付『スターズ・アンド・ストライプス』紙の記事で、元駐米大使堀内謙介《ほりのうちけんすけ》が、「日本国民は戦争中にアジアの人々に対して行った行為に対し、申し訳なさと責任を感じている」と話したことを伝えるものである。この時期には東京裁判も終わり、「ウォー・ギルト」に対する発信といえば横浜裁判関連報道のみでその他にはほとんどなされていなかった。それでも、プログラム開始当初と変わらず残虐行為に対する人々の贖罪意識を指摘している点は重要だ。

ニュージェントがCIE局長に就任して以降、東京裁判判決を理解させるための情報発信が増加した。しかし東京裁判は「平和に対する罪」(侵略戦争を開始した罪)だけではなく、通例の戦時国際法違反の罪、即ち残虐行為も裁かれた裁判である。しかも裁判における絞首刑判決の基準は、この通例の戦時国際法違反に置かれていた。唯一中将で絞首刑となった武《む》藤章《とうあきら》は、「マニラの虐殺」への関与が認定され、文民で唯一処刑された広田弘毅も、「平和に対する罪」に加えて、「南京虐殺」の時に外相であったにもかかわらず何もしなかったことで死刑が確定した。「平和に対する罪」の認定だけで絞首刑になった戦犯はいない。

「ウォー・ギルト・プログラム」は、その時々で質、量ともに異なる情報発信がなされたが、一貫して日本軍の残虐行為、そして日本が始めた戦争によって様々な被害をもたらしたことを念頭に置いていた。これらのクリッピング記事は、それがよくわかる史料である。

日本人と「ウォー・ギルト」

ＣＩＥ設立指令には、日本の人々に「ウォー・ギルト」と軍国主義者の戦争責任を理解させると書かれており、ＧＨＱ報告書にも、「日本の人々が戦争を開始した理由、敗れた理由、兵士による虐殺を知らず、贖罪意識がほとんどなかった」ことから「ウォー・ギルト・プログラムが開始された」とされている。また、１９４５年12月にキーナン首席検事が東京に到着した時点で提出されたダイクの覚書には、軍国主義者を支持した罪と責が日本の人々にはあることを理解させるとされていた。

ところが、実際に発信された情報では、もっぱら軍国主義者の戦争責任を問うばかりで、直接的に国民の罪を追及することはなかった。それどころかスミスは、選挙において国民は自由主義者を支持したにもかかわらず、暴力で軍部が押さえつけたことを、「太平洋戦争史」で言及している。言い換えれば国民に罪はないともとれる。果たしてＣＩＥは、日本の人々に「ウォー・ギルト」を理解させ、軍国主義者を支持した罪と責任を問うことは放棄したのだろうか。

この疑問に対し、斬新な手法で回答を示唆したのが太田奈名子《おおたななこ》である。太田は、『真相はこうだ』の後継番組である『真相箱』と『質問箱』の脚本を、〈言葉〉に着眼しその使用を考察する批判的談話研究（Critical Discourse Studies）という言語学の手法によって読み解き、ＣＩＥは国民に「ウォー・ギルト」を主体的に受け止めてほしいと考えていたことを明らかにした。

例えば、『真相箱』第27回（１９４６年7月26日）で取り上げられた投書では「天皇陛下は平和を御軫念《しんねん》遊ばしたのに、我々はなぜ戦争に突き進んだのでしょうか？　やむを得ざる事情で戦争になったのでしょうか」と「我々」という言葉を使っている。ここからこの投書の人物は、軍部と一般国民を「我々」という同じ集団として認識していることがわかる。太田はこうした例をいくつか挙げて、ＣＩＥは人々を直接的に糾弾せずとも、「彼ら自身の」戦争責任を内省させる姿勢、追及させる方向付けを提示したとしている。[1]

新聞報道からも同様のことが読み取れる。東京裁判判決に関する新聞報道は各紙とも横並びに、判決を国民が自身のものと受け止めることを訴える内容であった。連合国翻訳通訳部は、これらの報道を、「東京裁判の判決報道で大半の新聞が、戦争犯罪に対する国民の責任を強調している」と好意的に報告している。読者からの投稿も、判決を国民が受け止めるべきとの声が多く掲載された。『朝日新聞』では次のような読者からの投稿を掲載した。

「東京裁判判決はわれらも裁く」
この判決文を読んで日本国民は何を感じるのだろうか。戦時中のわれわれの思想や行動は真に健全であったか。戦争指導者ばかりを第三者的に批判する資格があるか否か。権力の前にあまりにも盲目であり、弱かったわれわれも、共に裁かれているということを強く自覚しなければならない。人道がいかに大切であるかどうかということがいま日本に示されているのだ。この世紀の判決によって、われわれは真に反省し、衷心から生まれ変わらなければならない。[2]

こうした投書は他の新聞にも掲載された。東京裁判判決に対し人々の反応は必ずしも好意的なものばかりではなかったことから、新聞社はこのようなCIEが口にしている理念と一致した意見を恣意的に選んでいるのだろう。

CIEは、直球的に日本国民を糾弾することで人々の反発を招き、結果的に占領体制が危うくなることを恐れたはずである。マッカーサーは父親のフィリピン占領を参考に、日本人の心を傷つけない宥和的政策を推進するようCIEに伝えていた。そのため軍国主義者を糾弾することはあっても、決して国民を糾弾することはなかった。しかしながら、先に紹介した民間史料局の新聞記事のクリッピングからもわかるように、やはり日本人に「ウォー・ギルト」を自身のものとして主体的に受け止めてほしいとの考えが最後まであった。

「ウォー・ギルト」の本質

こうして順を追って「ウォー・ギルト」に対する疑問点に向き合ったうえで、再度「ウォー・ギルト」の本質を突き詰めると、シンプルに「非人道的な行為はいかなる状況においても罪である」という普遍的理念に行きつく。

なぜ礼儀正しい善良な市民が南京であのような残虐な行為をするのかという疑問がスミスの取り組みの根底にあった。そこで、「ウォー・ギルト」を理解させようと試みるも、その過程でCIEと日本人の間には次の二つの壁が立ちはだかった。まず、上からの命令で行った罪の捉え方である。個人の意思を命令よりも優先するという考えは、日本社会ではなかなか理解されない。

次に、CIEと日本の人々の目の前にあった景色の違いである。CIEの目の前には、無残にも斬首された米軍兵士、マニラで焼き殺された市民の姿があった。一方で日本人の目の前にあったのは、無差別爆撃で黒焦げになった死体、原爆投下時の死体であふれた川だった。

終戦連絡横浜事務局の鈴木九萬は、戦後に大使として赴任したオーストラリアで現地の婦人記者に「あなたはいったい、原爆でドカンとやられるのと、悪魔の日本刀でバッサリやられるのとどっちがいいと思うか」と言われた。その時一緒にいた二人の男の新聞記者が「まあそんなこと言うな」とあわてて割って入りとりなしたが、明らかに婦人記者は、日本刀でバッサリやられる方が非人道的であるという前提で質問している。[3]

人は伝聞よりも実際に見たものに対して、顔の見えない見知らぬ人よりも顔の見える隣人に対して共感を覚えるが、このエピソードはその典型例である。目の前にある景色が違えばそこからくる思考形態も異なる。おそらくスミスやダイクの頭の中では、次のような思いがあったのではないか。

捕虜に食事を与えないばかりか、顔が変形するほど殴打したり、病気のまま放置したり、兵士に度胸を付けさせるために刺突訓練の標的にすることは、ジュネーブ条約違反であるだけでなく、人道上も許されないことなんですよ。占領地の住民を子供も含めて虐殺することも人道上の問題です。自国の兵士を消耗品のように扱い、自決を強要し、勝てないとわかっていて突撃させることも、志願という名目で特攻を強要することも、同じように人道上許されないことなんです。人には尊厳というものがあります。それをわかってください。命令されたからといって何も考えずに従うんですか。

これに対して、日本人は次のように考えていたに違いない。

確かに、日本軍の行為は許されることではないと思います。たとえ無差別爆撃をしたB29搭乗員だからといって、衆人環視の中で首を斬り落とすなんて野蛮なことです。でも、上官の命令に逆らえますか。軍隊だけではありません。日本では上から言われたことに反すれば、社会からはじき出されます。それは自分だけでなく家族にも及びます。捕虜を殴ることだって、私達が常日頃やられていることを行ったにすぎません。「人として尊重」って何ですか。そんな教育を受けたことはありません。それにあなた方も同じことをしているではないですか。無差別爆撃や原爆投下でどれほどの民間人が苦しんで死んでいったのかわかりますか。これは明らかに非人道的な行為でしょう。勝者は裁きをうけなくてもいいんですか。

そして民主主義思想の啓蒙へ

結局「ウォー・ギルト・プログラム」が途中で失速したこともあり、すべての人々が「ウォー・ギルト」を理解し、受け止めたとは言い難い。しかしそれは、米国にとっては大きな問題ではなかった。なぜなら米国の日本占領の最終目標は「ウォー・ギルト」を理解させることではなく、日本を二度と米国の脅威とならない民主主義国家として再建することだからである。

では、米国は日本の民主化には何が必要だと考えていたのだろうか。米国が戦時中に制作したプロパガンダ映画『汝の敵日本を知れ』は、それを知る手掛かりとなるかもしれない。この映画は、日本人を誇張や偏見をもって描いているものの、米国の日本に対する捉え方を知るうえで非常に有益なものである。実際、この映画で日本の悪とされた「軍人」「財閥」「知事」「思想警察」は占領期にすべて廃止か改革を余儀なくされた。そしてここでは、日本に巣くう悪として権威主義が繰り返し喧伝されている。日本人は目上の者に従順に従い、「個」を確立していない。「個」を確立する、即ち自由主義思想の確立なくして日本の民主化はあり得ない。米国はこのように考えていた。

「ウォー・ギルト」を理解させることは、自由主義に立ちはだかる軍国主義排除の手段の一つであり、自由主義と民主主義は切り離せない深いつながりを持つ。つまり「ウォー・ギルト」の本質である「非人道的な行為はいかなる状況においても罪である」という普遍的理念は、GHQが常日頃から口にしていた民主主義の精神である「人は個人として尊重され、他人の自由を阻害しない限り個人の自由は尊重される」という理念に立脚したものである。

1949年11月から放送開始された、CIEが民主主義の入門書と位置づけるラジオドラマ『新しい道』では、「ウォー・ギルト」と民主主義の関係性が見て取れる。この番組は、実生活の中に起きる様々な出来事に即して、「ラジオを愉しみ」ながら学んでいくという目的の下、主人公の町田洋介とその婚約者の道子が恩師の河野先生との会話を通して民主主義を学びながら、その促進のために奮闘していく姿を描く。作品中には、主人公と恩師の次のような会話がある。

洋介：人間を個人として尊重するのは個人主義だ……だから民主主義は個人主義の上にあるってよく言います。（中略）ところが、その個人主義はいやしむべき利己主義だという人があるのですが、……先生はこれにどうお答えになるんですか。

河野：それは戦争中によく言われたことだね、軍閥の連中がよく民主主義を圧迫するために言ったことだ、……大きな間違いだね、これは。僕はそれにこう答えるよ。この社会というものは個人個人から出来上がっている。こりゃまあ言うまでもない。その個人が幸福になれないでどうして明るい幸福な社会は作れるかとね。[4]

このようにさりげなく軍国主義を排除しつつ、民主主義を啓蒙する方法で番組は進んでいく。

人は地位や性別、年齢にかかわらず法律的には対等・平等であり、自己決定権を持つ。ＢＣ級戦犯裁判で追及された、命令に従った行為でも罪は罪であるという考えの根底には、人は個人として尊重されねばならないという個人主義がある。そして、個人として尊重され自己決定ができる成熟した市民によってのみ真の民主主義が成立する。これが、ＣＩＥの啓蒙しようとした民主主義の考え方である。「ウォー・ギルト・プログラム」はこうして民主主義の啓蒙に引き継がれ、最終的に日本は米国の同盟国となったことで米国の占領目的が達せられた。

人々は残虐行為の事実や東京裁判判決は受け入れたが、必ずしもＣＩＥの思惑通りに「ウォー・ギルト」を受け入れたわけではない。それでも、占領期にＣＩＥが日本軍の残虐行為をはじめとする戦争の隠されていた事実を明らかにし、それに日本のメディアが追随したことは、人々にある程度の影響を与えたことだろう。

しかし「ウォー・ギルト・プログラム」の最も大きな功績は、人々がもともと持っていた「軍国主義者が悪い」という実感にお墨付きを与えたことではないか。それにより人々は戦争を主体的に捉えることを避けてきた。日本人にとって、戦争の記憶は軍部にだまされひどい目にあったという受難の記憶として残り、強い厭戦感情を生み出した。戦後の出発地点に置かれたこの厭戦感情は、その後の戦争を絶対悪とする「絶対平和主義」（※）につながっ

絶対平和主義　いかなる状況や事情があろうと戦争を認めないという思想。戦後の55年体制以降、長きにわたり戦争は絶対に忌避すべきという、この「絶対平和主義」が支持を集めていた。なお、近年は、軍事的な手段を使って積極的能動的に国際平和に貢献していくとする「積極的平和主義」の考えが浸透しつつある。

ていった。

1　太田奈名子「占領期ラジオ番組『真相箱』が築いた〈天皇〉と〈国民〉の関係性」日本マス・コミュニケーション学会『マス・コミュニケーション研究』94、2019年
2　朝日新聞社編『声2』朝日新聞社、1984年、100頁
3　内政史研究会『鈴木九萬氏談話速記録』1974年、199頁
4　日本放送協会編『新しい道』メトロ出版社、1950年、185‐186頁

第5章　映像の中のBC級戦犯

——戦後の「ウォー・ギルト」を追う——

なぜBC級戦犯映像を分析するのか

日本人の多くは先の戦争で行ったアジアに対する残虐行為の事実を認め、これに対する謝罪も必要と考えてきた。そもそも「非人道的な行為」が罪であるという普遍的な理念は、CIEに指摘されずとも理解している。一方で、日本軍の残虐行為は、戦争という極限状況、上官の命令が絶対視される軍という特殊な組織において引き起こされたものであり、やむを得なかったというのが大方の受け止めである。こうした感情に対し、「ウォー・ギルト・プログラム」では、キリスト教的博愛主義および西欧個人主義思想を示して罪を理解させようとした。

この西欧個人主義思想が基底にあったのが、残虐行為を裁いたBC級戦犯裁判である。「ウォー・ギルト・プログラム」は日本軍の残虐行為の暴露から始まり、横浜裁判終了まで継続された。残虐行為、即ちBC級の罪こそ「ウォー・ギルト・プログラム」の理念に対応するものだといえるだろう。

現在、BC級戦犯に対する関心は決して高いとはいえない。だが一方で「杜撰な裁判で汚名を着せられた戦争の犠牲者」というイメージがあることも事実である。例えば2007年8月に日本テレビで放映された『真実の手記――BC級戦犯加藤哲太郎　私は貝になりたい』

のウェブ広報では、番組概要に「ＢＣ級戦犯の多くは罪なき罪で絞首台の十三階段を登った」とある。[1] 確かに無実の罪で絞首刑にされたＢＣ級戦犯は存在するものの、大半のＢＣ級戦犯は罪を犯したこと自体は認めている。にもかかわらず、番組宣伝で先の文言が使われているのは、こうしたイメージが一定程度人々の中で共有されているか、少なくとも人々が即座に否定することはないからだろう。

ＢＣ級戦犯裁判に関しては、その記録の公開が遅れたことで、正確な情報が伝わらない状況が長らく続いてきた。そのため、「杜撰な裁判で汚名を着せられた」というイメージは、資料によって裏付けられたものではなく、それ以外の後付けの情報によって形作られたものである。

では、後付けの情報とはいったい何だろうか。これに関してキャロル・グラックは、共通の記憶を考えるうえでテレビの影響、とりわけドキュメンタリー番組など以上にドラマ作品の強い影響を挙げている。[2] 実際、２０１５年5月に『読売新聞』が行った戦後70年に際しての世論調査でも、昭和の戦争を知ったのは（複数回答可）「学校・教科書で」についで「テレビ・ラジオで」が多かった。[3] ＢＣ級戦犯に関しては「学校や教科書」での学びがほとんどないことから、テレビドラマの影響はかなり大きいと思われる。

そこで、一部映画を含むBC級戦犯を主人公とする映像分析を通して、これらの映像と人々のBC級戦犯観の関係を、以下の三つの観点から明らかにしたい。第一に、戦犯の描かれ方である。共通の枠組みや時代における変化などに注目し、映像の中のBC級戦犯像を可視化したい。第二に、罪に対する向き合い方に着目する。戦犯の中には巣鴨プリズンで自らの罪に向き合い自省するグループがあった。また釈放後、自らが手を下した捕虜を弔《とむら》うために慰霊碑や地蔵を建造した例もある。映像では、戦犯の罪に向き合う姿がどのように描かれているのかに焦点を当てたい。

最後に、映像の背後にある人々のBC級戦犯観、ひいてはその背後にある「ウォー・ギルト」意識を探る。テレビドラマや映画は、作り手の意思だけでなく、商業ベースにのせるために見る側の嗜好《しこう》をある程度考慮せざるを得ず、その時代の世相や空気が反映される。したがって、映像が視聴者に影響を与えると同時に、想定される視聴者によって映像が規定されるという双方向性を持つ。その点が、制作者の問題意識が優先されるドキュメンタリー作品や、作者の関心や物事の捉え方が優先される文学作品との大きな違いとなる。本章では、この双方向性に着目して、戦後の「ウォー・ギルト」の行方とともに、それに連なる人々の戦争観も併せて追っていきたい。

１　戦争の犠牲者としてのBC級戦犯観

噴出した「戦犯」への同情

占領期にBC級戦犯は「残虐行為者」「極悪人」といったレッテルを貼られ、その家族も婚約を破棄されたり、職を追われたりするなど、[4]社会からの厳しい目にさらされていた。多くの人々はA級とBC級の区別がつかず、戦犯をひとくくりで悪いことをした人と捉えていたため、軍国主義者やA級戦犯に向けられた厳しい目がそのままBC級戦犯にも向けられていたのである。

ところが、1952年4月にサンフランシスコ講和条約が発効した頃から、BC級戦犯に対する人々の眼差しは、それまでの「極悪人」から「戦争の犠牲者」へと変化していく。背景には、戦犯の家族会のみならず、日本赤十字、日本弁護士連合会、宗教団体など様々な団体によって行われた戦犯救済署名運動があった。

戦犯救済署名運動は人々の自発的な運動ではなく、厚生省（現厚生労働省）の後押しによる官製運動としての側面があった。厚生省では戦地からの復員を担当する業務に、旧陸海軍関係者が多く就いていた。彼らには、戦犯に対し組織の一員として巻き込まれたという同情心があった。加えて、戦犯の家族が生活に困窮していることもあり、戦犯を救おうとする動機が強かった。また、署名活動は地域コミュニティ・地縁組織や、学校、寺院などが総動員され、官公庁の協力もあったうえに「ノルマ」も課されており、必ずしも署名した人全員が積極的に応じたわけではない。実際この時期に、新聞の投書欄には、BC級戦犯に対して人道上許しがたいことを行ったとする意見も掲載されている[5]。

署名集めと並行して、関係者は新聞・ラジオなどのメディアに働きかけ、戦犯に対する同情心を形成しようと仕向けていった。1953年12月に刊行された、巣鴨プリズンで処刑された戦犯の遺稿集である『世紀の遺書』も、戦犯の釈放を求める動きを加速させたいという関係者の思いがあったと言われている。掲載された遺書の大半は、杜撰な裁判に対する恨み辛みであったこともあり、戦犯への同情心を強め多くの人々の涙を誘うと同時に、BC級戦犯裁判の不条理な側面を社会に知らしめるきっかけとなった。

1952年9月にリリースされた渡辺はま子の歌う『あゝモンテンルパの夜は更けて』の大ヒットも、戦犯問題に関心を集めることに一役買った。突然飛び込んできた、占領地住民虐殺などの罪でフィリピン・マニラの郊外モンテンルパに収監されていた14人の死刑の報は、そのうちの何人かが冤罪《えんざい》を主張していたこともあり人々を慟哭《どうこく》させた。人々は次の処刑を待つ戦犯への同情を募らせ、故郷を思う戦犯の気持ちを歌った渡辺の歌が大ヒットした。

こうした戦犯釈放への期待の盛り上がりを受け、1953年8月、国会において「戦争犯罪による受刑者の赦免に関する決議」が全会一致で可決され、この後、連合国との交渉を経て1958年までに、戦犯はすべて釈放されることになった。

これら一連の動きの中で際立つのは、無実の罪、杜撰な裁判という現在でも語られる言説が前面に押し出されていることである。そこには、日本の行った残虐行為の実態を解明したうえで、それを総括しようとする姿勢は見られない。人々は、被害を受けた捕虜やアジアの人々に思いをはせることはなく、自らが戦争で味わった不条理な苦難を戦犯に重ね合わせて感情移入することで、戦犯と国民が一体化した戦争被害者史観が形成されていった。

神話となった『私は貝になりたい』

講和条約後のBC級戦犯を主人公とした映像としては、1956年に公開された映画『壁あつき部屋』(松竹)がある。『壁あつき部屋』は、上官の命令により占領地の住民を殺害し罪に問われた戦犯、捕虜収容所で通訳に就いていたことから捕虜虐待の罪に問われた戦犯、中国人捕虜を刺突訓練で殺害した戦犯たちを中心に、巣鴨プリズンの中の様々な出来事を描くことで、戦犯たちの苦悩を表現した作品である。

映画では、食糧を譲ってくれた占領地の住民を殺す、捕虜を殴り倒す、中国での残虐行為の様子が壁から飛び出してくる幻影を見て苦しむ、日本人戦犯処刑の際に現地の人々から罵声が発せられる……こうした見ていて陰鬱になるような、そして日本人が加害者である現実を突き付けるシーンが躊躇なく描き出されている。また巣鴨プリズン内でA級戦犯を突き上げる場面、朝鮮人戦犯の嘆きなど政治的な描写もあり、娯楽として楽しめる映画ではない。そのためか、興行成績もさほど良くなかったようである。

これに対し、1958年にテレビ放映された『私は貝になりたい』(サンヨーテレビ・現TBS)は、後にBC級戦犯映像の代表作とされるほど好評を博した。今ではあまりにも有名なこの作品は、次のようなストーリーである。

二等兵の清水豊松《とよまつ》は捕虜となっていたB29の搭乗員を刺し殺すよう上官から命令されるも、手を少し刺しただけで命令を実行することはできなかった。にもかかわらず、もともと重体であった搭乗員が放置され死亡した結果、捕虜殺害の罪でBC級戦犯として裁かれることになる。豊松は裁判で上官の命令に従っただけであることを訴えるが、裁判官は上官の命令を拒否しなかった理由が理解できず、予想外の死刑判決を受ける。赦免に希望を託すも、それはかなわず、豊松は「生まれ変わったら貝になりたい」と言って処刑台の露と消えた。

『私は貝になりたい』には、『壁あつき部屋』とは異なり、視聴者が感じる重苦しさはない。主人公の清水豊松は捕虜を刺し殺すことすらできない善良な庶民で、ただひたすら裁判の不条理を訴える。また、主人公の日々の生活、言い逃れせず責任を認める司令官との獄中での交流、戦犯の身を案じる家族の思い、こうした心温まるシーンがちりばめられており、無実にもかかわらず主人公が死刑になるという悲劇をより浮き上がらせ、涙を誘う。それは、最後の死刑台の階段を上るシーンでの有名なセリフ、「どうしても生まれ変わらなければならないのなら……私は貝になりたい」が流れたところで、クライマックスを迎える。

つまり、『私は貝になりたい』は、一点のシミもない美しい悲劇を描くことで視聴者の情感に訴えるホームドラマなのである。実際、脚本の橋本忍《はしもとしのぶ》も「反戦ドラマではなく人間ドラマとして書いた」と述べている。

この作品は、ＢＣ級戦犯ドラマとしてだけでなく、ドラマ全般の中でも後世に残る名作として語り継がれている。しかし、当時のテレビ受像機の保有割合は20％程度で、しかも民放が見られる地域は限られており、即座に全国的な反響を呼び起こしたわけではない。当時としては珍しくドラマのＶＴＲ録画が保存されていたことで、作品が芸術祭文部大臣賞を受賞したことをきっかけに何度か再放送され、徐々に人々の間に浸透していったようである。確かにドラマを見た人からの反響は大きく、見落とした人は残念がったという。[6] 当時としては珍しい生放送と録画を組み合わせて制作されたこのドラマは（当時は生放送のドラマが主流であったため、演出にはかなり制限があった）、テレビ黎明《れいめい》期のドラマとして非常に完成度が高かった。

『私は貝になりたい』の放送直後、皇太子（現上皇陛下）のご成婚が発表となり、これをきっかけとしてテレビ受像機は急速に普及していった。映画と異なり無料で、茶の間で家族そろって見ることができるテレビという新たな媒体と、誰もが共感できる悲劇という単純明快なストーリーの相性が良かったことは、この物語が翌年に映画化（東宝）されたものの華々しい興行成績を上げられなかったことが示しているのではないだろうか。

もはや戦後ではない――１９５０年代半ばの転換点

『私は貝になりたい』が放映された１９５０年代後半、戦争は過去のものとなりつつあった。１９５６年に経済白書に入れられた「もはや戦後ではない」の言葉が示すように、経済復興のきざしの中、明るい未来への希望が広がり、同時に占領の終結によって抑えられていたナショナリズムが解き放たれた時代でもあった。

この時代の人々が何を求めていたのかを示唆するのが、１９５７年に公開された映画『明治天皇と日露大戦争』（新東宝）の空前の大ヒットである。この映画は、興行収入がその年の１位となっただけでなく、観客動員数２０００万人という大記録を打ち立てた。観客動員数については公表しない映画もあるため確実なものではないが、２０００万人を超えたのは２０２２年現在でも、『鬼滅の刃』など数本しかない。ところが、今やこの映画の名前はほとんど知られていない。つまり映画の興行成績は抜群だったが、後世に語り継がれる内容ではなかったのだ。この時代だからこそヒットした映画ともいえる。

『明治天皇と日露大戦争』は、美しい心を持つ日本人が天皇の下で一致団結して大国ロシアを倒すという、一言で言えば痛快なストーリーを持つ映画である。製作側の「過去の偉大な日本の姿に目を止め、そこから日本人の失われた自負を取り戻してほしい」[7]「戦後すっかり失われた民族のプライドを取り戻し、団結心、愛国心を復活させたい」[8]との言葉は、まさにこの時代の人々の思いを反映している。

こうした思いは映画だけではなく、この時代の教科書の歴史記述にも表れた。占領下において戦後民主主義と自由主義を喧伝する語りであった歴史教科書記述に、この頃から国家の自律性を表現する語りの回復が模索されるようになる。[9]現在の自由民主党の前身である日本民主党が、一部の歴史教科書が偏向しているとして「うれうべき教科書の問題」というパンフレットを発行したのが1955年である。この動きを受け、歴史教科書は国民国家の語りへと徐々にシフトを見せ始め、「侵略」や日本軍の残虐行為に関する記述は消えていった。

いわゆる「戦記ものブーム」と呼ばれる、元軍人による回顧録を中心にした様々な媒体における戦争関連記事の蔓延《まんえん》も、この時期から始まった。その流行には、こうした国民国家への復古の傾向と連動した点があった。木村幹《きむらかん》は、「戦記もの」の特徴の一つとして、元軍人たちによる、自身は戦争の「加害者」ではなく「被害者」だという戦争観を挙げている。[10]

そしてナショナリズムが解き放たれると同時に克服せねばならないのが、連合国によって裁かれた戦犯という汚点である。ジョン・ダワーはこの時代のBC級戦犯の物語を、「日本人の心理的修復のプロセス」[11]としているが、犠牲者として位置づけた戦犯を映像によって可視化し共有することは、人々の再出発にとって必要なものだったのだろう。『私は貝になりたい』は、テレビという茶の間に入り込んだ身近な媒体だけでなく、こうした時代背景にも支えられた映像であったといえる。

ただし、『明治天皇と日露大戦争』と違い、『私は貝になりたい』はその後何度もリメイクされている。つまり『私は貝になりたい』は、どの時代にも受け入れられる普遍的な要素を持っていた。それはいったい何なのか。この後の分析を通じて明らかにしたい。

加害者としての日本――１９８０年代から１９９０年代

１９６０年代に入ると、日本社会は年10％近い経済成長率を達成し、さらに活気づいていく。池田勇人《いけだはやと》内閣が表明した所得倍増計画は目標の10年より早い7年で達成された。この時期、日本社会は戦犯裁判をどのように捉えていたのか。その手がかりを提供してくれるのが、63年5月にＮＨＫ教育テレビで放送された『教養特集　日本回顧録「東京裁判」』である。番組は冒頭、次のようなナレーションが流れる。

当時、この判決を我々日本人は口では云えない複雑な気持ちでうけとりました。しかしともかくこれで戦争犯罪、戦争責任の問題は一応片づいたのは事実です。

この言葉は、おそらく当時の人々の偽らざる気持ちだろう。そのうえで、「所で果して本当に片づいたのでしょうか」と問題提起が続く。続けて東京裁判の経緯が説明されるが、そこには、

「日本を破った諸国の代表者が裁判所の判事である法廷で公平な裁判は期待できないと申し上げましたがこれも退けられました」

「東京裁判は問題の多い裁判です。当時でさえ印度のパル判事のように全員無罪論を唱える人もありました」

と、裁判に対する不満が見え隠れする言葉が紛れ込んでいる。その後、賀屋興宣《かやおきのり》、佐藤賢《さとうけん》了《りょう》など元A級戦犯が裁判への不満を述べ、話題はBC級戦犯へと移る。「A級裁判にまして、議論の多い裁判にいわゆるB・C級の裁判があります。無実の罪に泣いたB・C級戦犯が多かったこともよく知られています」とのナレーションの後、元BC級戦犯が「A級戦犯を恨

んだ人も多い。併し自分は違う。これも運命と諦める」と述べた。

この番組からは、東京裁判にせよ、ＢＣ級戦犯裁判にせよ問題のある裁判であるが、敗けたのだから仕方がないという諦めの論調がにじみ出ている。またＢＣ級戦犯に対しては、無実の罪であることが前提となっており、戦犯犠牲者史観の定着を見ることができる。

ところがこの後、ベトナム戦争や日中国交回復を経てアジアへ目が向けられ始めると、次第に日本が戦時中に行ったアジアへの加害責任を問う声が起こってくる。１９７１年に『朝日新聞』で本多勝一《ほんだかついち》記者が、日本軍の行った残虐行為を辿る「中国の旅」の連載を開始したのをはじめとして、新聞、テレビなどで日本の加害事実が取り上げられるようになった。また１９８２年に起きた、第3章で言及した教科書問題、その結果教科書検定に入れられた「近隣諸国条項」により、教科書の歴史記述にもそれまでほとんど見られなかった「侵略」「南京虐殺」などが少しずつ掲載されるようになった。そしてこの流れは90年代に入ると、ピークを迎えた。強制連行や満州で人体実験を行っていた七三一部隊、新たに表面化した慰安婦問題などが新聞・テレビなどのメディアを賑《にぎ》わすようになった。

このように日本の加害責任が徐々に前面に押し出される一方で、ＢＣ級戦犯を主人公とした映像はこれまで同様多くない。また、BC級戦犯はあくまで戦争の犠牲者であり、日本の加害とは結びつけられていない。

現在視聴できる、戦犯を主人公とするこの時期の映像は、1979年に放送された、吉村《よしむら》昭《あきら》の小説を原作とする『遠い日の戦争』（テレビ朝日）、89年に放送された西木正明《にしきまさあき》の小説を原作とする『凍《しば》れる瞳』（日本テレビ）、94年にTBSでリメイクされた『私は貝になりたい』である。なお、86年に公開された映画、遠藤周作《えんどうしゅうさく》原作『海と毒薬』に関しては、戦犯としての姿ではなく事件をめぐる罪の意識に焦点が当てられているため、本章では分析の対象から外している。

『遠い日の戦争』は、B29搭乗員を斬首した九州西部軍事件をモデルとし、捕虜を斬首した父親の軌跡を、予備校生の息子が父とともに辿り、父が罪に対して向き合い苦悩する姿を描いた物語である。

『凍れる瞳』は、捕虜死亡の責任を問われ死刑となった主人公の姿を、彼の婚約者とその孫の視点で描く。主人公の田原完次は、俘虜収容所長として部下に暴力を禁止するなど捕虜を適正に扱った。しかし二度の盗みを働いた捕虜が懲罰で入った営巣で肺炎を起こして亡くなったために戦犯となった。捕虜は一度目の盗みの時に仮病を使って営巣から脱出を図ろうとしたこともあり、病状の急変に間に合わなかった。このように、見る側が「やむを得ない」と同情を寄せる設定や、原作にはない遺書の挿入により涙を誘う点で、『私は貝になりたい』同様、「情感」に訴える作りとなっている。

両映像に共通するのは、息子や孫といった第二、第三世代の視点で物語が進んでいく点である。子や孫は、戦争の苦難をBC級戦犯に重ね合わせて感情移入できる世代の減少を補い、映像と視聴者を橋渡しする役割を持つ。

『凍れる瞳』では、巨人軍で活躍した実在の投手スタルヒンと投げ合った野球の試合を通した友情という、原作にはなかったシーンが挿入された。朝日新聞では1989年8月4日にこの番組を、「野球人の友情と戦争の悲劇―スタルヒンと投げ合った男　波乱の人生をドラマ化」との見出しで紹介した。この記事は、「戦争の悲劇」という戦犯映像にはつきもののフレーズで始まり、次の一文で閉じている。

子供の頃から野球好きで「いまでもバッティングセンターへ行く」緒形（筆者注：主人公を演じた俳優の緒形直人）と、高校時代はピッチャーで188センチの長身から投げ下ろす速球が「100キロは越えている」とスタッフを驚かせたライオン（筆者注：スタルヒン役の俳優の名）が見事な投球フォームを披露、感動的なシーンがつくれたという。

戦後45年近くがたち戦争を体験していない視聴者が多くを占めるようになった1989年になると、戦争とは無関係のテクストを挿入することで、共感を呼び起こす必要性が出てきた。そして視聴者と戦犯の距離を縮めたのが「友情」という普遍の感動物語である。これ以降、戦犯映像では「感動」が一つのキーポイントになっていく。

2　2000年代の戦犯映像

一時期に集中した戦犯映像

2000年代に入ると、07年と08年に、戦犯映像が集中して制作されている。07年8月に『私は貝になりたい──真実の手記・BC級戦犯加藤哲太郎《かとうてつたろう》』（以下『真実の手記』）が日本テレビで、続いて08年3月、B29搭乗員斬首の罪で裁かれた東海軍管区司令官岡田資《おかだたすく》中将の法廷闘争を描いた映画『明日への遺言』（角川映画）が公開された。そして08年11月には『私は貝になりたい』のリメイク版（東宝）が映画公開され、その直後の12月には、NHK

で『最後の戦犯』が放映された。

これら4本の映像が約1年半の間に集中しているのは偶然だろうか。筆者がインタビューした制作者たちは、映像を制作したことと時期には何ら関係がないと答えている。しかし、この点に関して、国立国会図書館で「BC級戦犯」でキーワード検索をすると非常に興味深い事実が見えてくる。BC級戦犯関連の記事・論文は1990年代に入ると増え始めるが、その大半は裁判資料が公開されたことで調査の進んだ学術論文やそれをベースにした記事である。また、韓国人元戦犯が政府に補償を求めて91年に訴訟を起こしたことから、朝鮮人戦犯に関するものも多い。ところが2000年代に入ると、こうした記事以外に、戦犯を擁護する記事が保守系雑誌を中心に見られるようになる。例えば次のようなものだ。

『私は貝になりたい―真実の手記・BC級戦犯加藤哲太郎』（日本テレビ）2007年（日本テレビ公式HPより）

浅利慶太「民族解放『アジア解放を信じて戦って死んだBC級戦犯たちの祈りを自虐史観で封印してはならない』」『SAPIO』、2004年10月

米田建三「連合国の戦争犯罪——民族の受難を語り継ぐ（3）

ＢＣ級戦犯裁判という名の報復虐殺」『正論』、２００５年９月

注目すべきは、戦犯擁護の記事が90年代後半から現れ、２００４年と２００５年に集中している点である。90年代後半といえば、まさに「新しい歴史教科書をつくる会」が設立され「自虐史観」なる言葉が広がりを見せ始めた時期と重なる。もちろん、「自虐史観」なる言葉が広まっていった背景として、日本の加害責任を問う声や慰安婦問題に対する反発だけでなく、低迷する経済による自信喪失があったことも指摘せねばならない。つまり、経済成長の伸び悩みとともに低下した国際社会での地位への不満が、逆に日本人の誇りを取り戻したいという心理を生み出し、日本の加害行為の否定と結びついていた面があった。

それを裏づけるように、『明日への遺言』の宣伝文では「誇りや品格を失った現代にこそ見てほしい」との言葉が使われている。また、『真実の手記』のドラマ制作担当部長は『読売新聞』の取材に「部下をかばう美しい心を持った日本人がいたことを今の時代に伝えたい」と制作意図を説明している。[12]

もっとも、こうした宣伝文句は、必ずしも制作者の意図に沿っていたわけではない。『明日への遺言』の監督小泉堯史《こいずみたかし》は、「観客がどのように受け止めるのかは自由であり観客に任

せたい」[13]、『真実の手記』のプロデューサー西牟田知夫《にしむたともお》も、「主人公の人生を見てほしかった」と述べている。[14] ただ重要なのは、制作者がどのような意図で制作したかではなく、日本の誇りを取り戻すとの文言がＢＣ級戦犯映像の広報で用いられていることだ。それはこうした欲求が広く世間に存在し、これらの宣伝文句が大衆を引き付けると広報側が判断したことになるからである。

必ずしもすべての映像が時代の空気を意識して制作されたというつもりはないが、商業映像は視聴者の受容が求められるために、その時代の空気を反映しやすいことを考えれば、全く関係がないといえるものでもないだろう。

リメイク版『私は貝になりたい』の変更点

それでは、２０００年代の戦犯映像はどのような特徴を持つのだろうか。四度目の製作となる『私は貝になりたい』の変化を例に、その特徴を明らかにしたい。

『私は貝になりたい』は、１９９４年に所《ところ》ジョージ主演でリメイクされた後、２００８年に中居正広《なかいまさひろ》主演で映画化された。94年版はそれまでの脚本に若干修正を加えた程度でほとんど変化がないが、08年映画版の脚本はかなり加筆・修正がなされている。08年度版では、主人公の豊松以外に、豊松の妻、捕虜殺害命令を出した司令官の矢野中将の三本柱で物語が展開される。これは製作者側からの依頼に対し橋本が応じたもので[15]、これにより一層の感動を生み出し豊松の悲劇がクローズアップされることにつながっている。[16]

三本柱の一つ、豊松の妻の物語には、それまでなかった豊松と妻の出会いのシーンが新たに加えられ、情愛を強調するストーリーへと変化を遂げた。豊松に死刑判決が下された後、妻は雪深い山村を回って豊松の減刑嘆願署名集めに奔走し、署名を持って子どもとともに巣鴨プリズンへ面会に行く。その妻の傍《かたわ》らには、1958年版にはいなかった二人目の子どもがいる。豊松と妻、そして二人の子どもは巣鴨プリズンで未来を夢見て語り合うものの、豊松は死刑台の露と消える。二人目の子どもが誕生し減刑を夢見る姿と、死刑台へと進んでいく姿との対比が、一層涙を誘う。

未来への明るい希望を象徴する子どもを登場させ、家族の絆を前面に押し出す描き方は、『明日への遺言』『真実の手記』など他の2000年代の映像にも見られる。また、リメイクに際し、家族のエピソードを新たに挿入する傾向は、BC級戦犯映像だけでなく、2011年に公開された『連合艦隊司令長官　山本五十六』のような戦争映画のリメイク版にも見られる。戦争から年月がたち、戦争体験のない観客は、事実関係を追うだけの映像では共感を得ることができない。そのため、家族の絆を描くことで、より共感を生み出し感動を作り上げるという手法がとられたのは、商業映像ゆえの宿命だろう。

「人間ドラマを描きたかった」と述べる脚本家の橋本にとって、１９５０年代の脚本は不本意なものであり、その不満点を克服した08年版は満足のいくできであった。この「人間を描きたい」との言葉は、今回筆者がインタビューしたプロデューサーたちから同様に聞かれた言葉である。人間の内面を描き出し、共感を生み、心を揺さぶる。それがドラマの醍醐味なのであれば、庶民が戦争という極限状況の中で犯した罪によって裁かれるＢＣ級戦犯は、ドラマの素材として非常に優れたものといえるかもしれない。

続く矢野中将の物語はまさに２０００年代映像の特徴を帯びている。まず矢野中将の殺害命令のセリフが、58年版では（捕虜を）「適当に処分せよ」であったのが94年版では「適当に処置せよ」となり、08年版では「適切な処置を行え」と、次第に違法性が排除されている。なお、当時の日本軍隊内で「適当に処分せよ」というのは即ち処刑命令であり、矢野中将の罪は免れない。しかし、08年版のセリフ「適切な処置を行え」となると、国際法に則った扱いをせよと命じたとも捉えることができる。このセリフの変更は、矢野中将をヒーローとして描く核心のシーンへとつながっていく。

08年版では、これまでにはなかった矢野中将の処刑シーンが加えられている。そこで矢野中将は、処刑前の最期の言葉として次のように述べた。

> ハーグ陸戦条約の陸戦法規、並びに空戦法規案によれば、無防備都市、集落、住宅、建物は、いかなる手段をもってしても攻撃、または砲撃は禁止されておる。従って軍事基地、軍事施設でもない、日本の主要都市の住宅を目標に、焼夷弾による絨毯爆撃で焼き尽くし……（中略）……戦火に巻き込んではならぬ、一般庶民を約百万人殺戮し、数千万に及ぶ罹災者を出した、アメリカ空軍の日本の都市爆撃は、あまりにも明らかな戦争犯罪の恐れあり……（中略）……爆撃命令の立案者、並びに作戦実施の空軍司令官を直ちに軍事法廷に招致し、その詳細を裁くべきである。

この後、矢野中将は堂々と処刑階段を上っていく。橋本は、自身が空襲被害者で、それが非常に残酷な戦争犯罪だという考えが強かったため、このようなセリフを入れたと後に述べている。[17] また、プロデューサーの瀬《せ》戸《と》口《ぐち》克陽《かつあき》はこのシーンについて（新たに加えた妻のエピソードも含め）自身が想定していたイメージそのものだったとしている。[18] このシーンは橋本、瀬戸口にとってリメイク版『私は貝になりたい』のハイライトともいえる重要なものとなった。そしてそれは、この時期の人々の間に、戦争に関する新たな感情が生まれたことを示している。次項では、その新たな感情に言及したい。

空襲・原爆被害の前景化

矢野中将の処刑シーンに見られる、空襲や原爆投下を対抗させることで相対的に加害の罪を矮小《わいしょう》化する描き方は、2000年代の戦争ものによく見られる特徴の一つである。例えば、08年3月に公開された『明日への遺言』は、無差別爆撃を行った搭乗員の米兵を、捕虜ではなく戦犯と位置付けることで、搭乗員を斬首した罪を無罪だと主張する裁判闘争を描いている。04年に初上演された劇団四季のミュージカル『南十字星』でも、BC戦犯が裁判で原爆投下を挙げて連合国の戦争犯罪を追及する場面がある。

吉田裕は、著書『日本人の戦争観』において、1970年代後半から80年代にかけて日本の加害の事実や戦争の侵略性が明確化されたことにより、それを主張する側の正当性を問い直すことで、戦争を肯定する方向性が現れたことを指摘している。具体的に言えば、事後法であることや連合国の犯罪が裁かれなかったなどの瑕疵《かし》を挙げて、東京裁判の正当性を問い、それによって戦争を肯定するというロジックである。その急先鋒となった雑誌『諸君』で東京裁判が盛んに取り上げられるようになったのが、教科書検定が国際問題化した翌年の83年であった。[19] 空襲や原爆被害の前景化は、まさにこのロジックを前面に押し出したものである。

占領期の人々の間では、空襲や原爆投下を表立って攻撃する声は見られなかった。検閲で情報が遮断されていたこともあるが、そもそも、大半の国民が戦争による害を被っていた当時、人々にとって戦争被害は「やむを得ないもの」として受け止めざるを得なかった。しかし、本書で繰り返し指摘したように、人々は日本軍の残虐行為は糾弾されるのになぜ原爆や空襲は糾弾されないのかという、割り切れない思いを内に抱えていた。ただこの不満は敵国だった米国ではなく、総じて戦争を引き起こした軍部に向けられていた。

変化は占領終了後に現れた。原爆被害を詳細に報じた『アサヒグラフ』、1954年に起きた第五福竜丸の被爆、そこから派生した原水爆禁止運動などを通じ、次第に原爆は国民の受難の記憶として広がっていき、被害者と同一化しながら原水爆禁止と平和を訴える国民主体、いわゆる「被爆ナショナリズム」が形成されていった。そして60年代以降、それは非核三原則の宣言（67年）、首相の平和式典参列（71年）などを通して制度化され始めていく。[20]

この動きは歴史教科書における原爆投下記述にも見られる。歴史教科書における原爆に関する記述量は年々増加し、２０００年代に入ると大半の教科書で、別枠のコラム形式で原爆投下を大きく扱うようになった。同様に空襲をコラムで取り上げる教科書も増え、前面に出されるようになった。また第３章でも触れた「８月ジャーナリズム」と言われる８月15日前後の戦争特集番組でも、00年代に入ると90年代の加害の語りから一転して受難の語りへと戻り、中でも原爆投下は特に取り上げられる率が高いことを、米倉律が指摘している。米倉によれば、05年の８月前半の戦争特集のうち、原爆・空襲関連が２／３以上を占めていた。

２０００年代の商業映像・演劇における、空襲・原爆投下を前面に出しBC級の罪と対抗させる方法は、00年代に入って台頭してきた戦争に関する別の感情とも結びついている。即ち、それまでの「侵略」か「自衛」かといった戦争の性格をめぐるものから、「いつまで謝罪を続けるのか」という不満を背景とした、戦後日本が置かれた立場に対する被害感情への変化である。「いつまで謝罪せねばならないのか」の裏には「日本だけが悪いのか」との不満があり、それは、では空襲や原爆投下はどうなのかという議論につながる。

05年に『読売新聞』が行った戦争に関する世論調査では、アジアへの加害責任について、いつまで責任を感じ続けなければならないかとの問いに対し、最も多かった回答は「もう感じなくてよい」の45％であった。この調査以前にこうした加害責任に対する世論調査がないため比較できないが、そもそもこの調査項目ができたこと自体、この時期の戦争に対する感情の一端を示している。00年代の映像で空襲や原爆投下が前景化された背後には、被爆ナショナリズムの確立だけでなく、こうした人々の感情があった。

「和解」という新たな視点

2007年8月に日本テレビで放映された『真実の手記』は、『私は貝になりたい』の有名なセリフ「生まれ変わるなら貝になりたい」の原作者とされる加藤哲太郎をモデルとして、戦犯の生きざまを描いたものである。加藤哲太郎は巣鴨プリズンに勾留されていた時、戦争責任を考えるグループに入り、様々な雑誌に匿名で投稿をしていた。その中の一つ「狂える戦犯死刑囚」に書かれていた遺書にあった、「私は貝になりたい」というセリフを橋本忍が取り入れて創作した物語が『私は貝になりたい』である。後に加藤は著作権を求めて訴訟を起こし、『私は貝になりたい』の原作者とされるようになった。

その加藤哲太郎をモデルとした戦犯を主人公としたドラマ『真実の手記』は、『私は貝になりたい』とは全く異なる次のようなストーリーを持つ。

加藤が所長を務めていた俘虜収容所で捕虜が脱走を企て、その際に部下が捕虜に発砲し死亡させてしまう。終戦後、加藤は捕虜殺害の罪をすべて一人で背負うため、逃亡を図る。逃亡先で出会った妻と各地を転々とし、子どもを授かるも、結局加藤は逮捕される。裁判で死刑判決を受けた加藤は、刑の執行を引き延ばすために精神を患《わずら》ったことにして病院に入院するが、そこで米兵に壮絶な虐待を受けたことで、戦争とは何かを考えるようになる。結局、妹の努力により、加藤は捕虜殺害に加わっていないとの証言が得られ、やり直し裁判によって禁固30年へと減刑された。加藤の死後、その墓前には元捕虜で加藤との握手を拒否した米兵が現れて、加藤とはできなかった握手を妹とするシーンで物語は幕を閉じる。

元捕虜と妹が握手をするシーンは、ドラマのクライマックスであると同時に制作者の思いが反映されている。制作者の西牟田は、「戦後60年以上を経ていつまでも憎みあうのではなく和解が必要ではないか、人々が戦争によって未来永劫、誹《そし》りあうことがないようにという制作側のメッセージが反映されている」と述べている。２００８年３月公開の、岡田資中将を描いた映画『明日への遺言』でも、岡田中将とその米国人弁護人との心温まる光景、そして最後にマッカーサーが岡田中将の主張を一部認めたともとれるナレーションが入れられており、これも米国との和解を連想させる。

敵との和解も、空襲および原爆投下の前景化同様、２０００年代映像の特徴の一つといえる。その背景には原爆投下の前景化でも挙げた「いつまで謝罪せねばならないのか」という人々の思いと、戦争を過去のものにするだけの年月の経過がある。このように、00年代に入ると、戦争の犠牲者としてBC級戦犯を捉えるのみならず、侵略戦争に対する対抗軸、そして和解を通じた新たな秩序の構築という、これまでにない動きが見られるようになった。

3　罪に向き合う戦犯

『最後の戦犯』

2008年12月に放送された『最後の戦犯』(NHK)は、横浜裁判で最後の戦犯として裁かれた左田野修《さたのおさむ》の手記を基にした小林弘忠《こばやしひろただ》のノンフィクション小説『逃亡』を基に、主人公の逃亡先での生活と彼の家族の壮絶な暮らしを描いた作品である。「ヒロイズムで戦争を描くのではなく、日本の加害者としての側面も入れて描きたかった」[21]とディレクターの柳川強《やながわつよし》が述べていることからもわかるように、主人公が逃亡先や巣鴨プリズン内で、罪に向き合い葛藤する姿が主題の一つとなっている。

ドラマは、数名の後手縄で目隠しされた米国人捕虜と日本軍兵士がトラックの荷台に乗せられて山道を進むシーンから始まる。トラックが山中の処刑場に着くと、兵士たちは直ちに大きな穴を掘り始める。そして、整列した兵を前に将校から捕虜処刑命令が下り、見習士官の篠崎が志願する。他に志願者が出なかったことで指名された数名の兵士の中には主人公の吉村修が含まれていた。吉村は捕虜の首がうまくはねられず、勢いで穴に落ちた捕虜の目隠しが取れてしまう。直後に心臓を突き刺した吉村であるが、捕虜のおびえた青い目が大きくはっきりと画面に映し出される。

このシーンは時間にして5分以上。他のBC級戦犯映像で、捕虜殺害の瞬間をここまで克明に描いたものはない。戦犯関連映像にかかわらず、近年テレビ界では、残虐な光景や死体の描写など刺激の強い映像は回避される傾向にある。にもかかわらず、あえてこのようなシーンを冒頭に入れたのはもちろん、主人公の捕虜殺害に対する苦悩につなげる重要な場面だからである。

『最後の戦犯』（NHK）2008年（NHK公式HPより）

終戦後、吉村は元上官の命令で逃亡を図るが、処刑した時の捕虜のおびえた青い目が脳裏から離れず、苦悩を抱えたまま逃亡生活を続ける。なぜ命令に従った自分が罪に問われるのかと葛藤を抱きながら生活を送っていた吉村であるが、最終的に「命令を受け入れ、処刑を実行した自分にも責任があった」という考えに行きつき、横浜裁判法廷では上官から命じられたのではなく志願して捕虜を処刑したと証言する。
彼の心情が最もよく表現されているセリフが、こちらも捕虜処刑の罪で死刑判決を受けた、同じく見習士官である篠崎との会話である。

俺は家族ば殺された。一発の爆弾で何百人も殺した人間と、たった一人の敵ば殺した人間、どっちが悪かばい。それも命令されてたい。命令されて処刑したったい。

と言い張る篠崎に対し、吉村は、

どげん言い訳しても、あんときの人ば斬った時の感触は忘れられんやろ。違うか。お前は一発で切り落とした。ばってん俺は……鬼畜たい。だけん、だけん、俺は裁かれるったい。あんとき人の命ば奪った人間として、命令は拒否できんかった人間として、裁かれるったい。

と答える。また主人公の吉村と同室になった朝鮮人戦犯は、次のようなセリフをつぶやく。

釈放なってもどこいけばいいいですか。もらった千五百円で韓国帰れません。あなたが5年で済んだのも、アメリカが朝鮮戦争で忙しかったからですよ。いつもあなたたちの犠牲です。私たちは。私の戦争まだ続いていますよ。

この間、吉村は黙ったままであった。

これらのセリフは、「単なる〝被害者〟の話にしたくない」[22]と思った脚本家の鄭義信《チョンウィシン》が、柳川の意図を組み入れて書き上げたものである。鄭が脚本を書いた、BC級戦犯を主人公とした舞台演劇『赤道の下のマクベス』にも、上官から命令されて犯した罪を自身の罪として受け止めるセリフや朝鮮人戦犯が登場することから、もともと鄭が持っていた思いをぶつけた迫真のシーンといえるだろう。鄭は筆者のインタビューに対し、「自身が在日コリアンであることから、日本が被害者だけでなく加害者でもあることを知っており、そうした気持ちを反映させた」と述べている。[23]

この巣鴨プリズンでのシーンは、空襲を捕虜虐待に対抗させて罪の矮小化を図るという2000年代映像の特徴を持つ一方で、「上からの命令でも罪である」という罪の意識と「朝鮮人戦犯」という忘れられがちな存在を示すことで、被害と加害双方の視点を交錯させている。これまでの映像でも罪に向き合う姿は描かれてきたが、『最後の戦犯』は人を殺したことへの葛藤以上に、上官の命令に異を唱えなかったことも罪であるという一歩踏み込んだ描き方をしている。

ただし、残念ながら加害者として罪の意識にさいなまれる姿に対する反響よりも、家族の苦難に対しての反響がより多かったという。脚本を書いた鄭は「物語が停滞しないように、戦争に翻弄されていく主人公とその家族、2つの物語を並行して描きたい[24]」と述べており、家族の描写にも多くの時間が割かれた。そのためか、視聴者の関心は吉村を信じて待つ家族の苦難へと向かったようだ。戦争終結から60年以上を経て、戦犯の姿を自身に重ね合わせることが難しくなっている中、自身にも起こるかもしれない家族の苦難に目が行ってしまうのは無理からぬことだ。

継続される「不条理」「理不尽」の構図

ここで、これまでの検証を振り返ってみたい。戦犯に対する同情の声は講和条約直後から徐々に沸き上がってきた。そして戦犯に対するイメージを可視化し人々の間に焼き付けたのが、１９５０年代後半のナショナリズムが噴出する時代に、テレビという新たな媒体を通して放映された『私は貝になりたい』であった。

その後２０００年代になると、戦争体験の欠如から、家族の絆、敵との和解などをストーリーに入れることで、人々の共感を呼び起こそうとする傾向が現れる。その一方で戦犯の犯した罪については、『私は貝になりたい』以降、共通の枠組みが見られる。それは、①主人公は一般の応召された兵士で、②被害者はＢ29搭乗員、脱走や盗みを働いた捕虜など、殺される側にも問題があり、③戦犯となった原因は上からの命令、もしくは不可抗力の事故という、従属性・偶発性によって引き起こされたとする設定である。

この設定から導き出される構造は、「不条理」「理不尽」である。『壁あつき部屋』で描かれた、食料を与えてくれた善良な現地住民を殺害する、捕虜を理由もなく殴るといった、日本兵の問題は『私は貝になりたい』以降は、出てこない。実は、ＢＣ級戦犯の罪で最も多いのは占領地の住民虐殺であり、『壁あつき部屋』の方が実態に近い。結局のところ視聴者が

	①主人公	②被害者	③戦犯になった原因
	応召された兵士	B29 搭乗員もしくは捕虜収容所の捕虜	上官の命令もしくは不可抗力による死
私は貝になりたい	○	○	○
遠い日の戦争	○	○	
凍れる瞳	○	○	○
明日への遺言		○	
真実の手記	○	○	○
最後の戦犯	○	○	○

『遠い日の戦争』では、母親を空襲で亡くしたことで自ら志願して捕虜の斬首に関わったため、上からの命令ではないものの、同情をかう設定となっている。

最も感情移入できるのは、現在でも人々が生きていくうえで向き合っている「不条理」「理不尽」なのだろう。『私は貝になりたい』では、なぜ命令を拒否できないのかと迫る裁判長と、天皇の命令は絶対服従だと主張する主人公豊松の主張がかみ合わないシーンがある。豊松は次のように続ける。

あんたね、いったいどこの国の話をしているんです。ええ、日本の軍隊ではね、二等兵は牛や馬と同じなんですよ、牛や馬と！

まさに、時代を経ても人々に支持される『私は貝になりたい』の真骨頂ともいえるセリフである。「不条理」「理不尽」に対する葛藤は、ＢＣ級戦犯の専売特許ではない。現在でも多くの人々が向き合っている。それゆえ、人間を描くドラマの素材としては魅力的なものとなる。主人公の死をもって徹底して「不条理」「理不尽」を描いた『私は貝になりたい』が時を超えて好評を得る理由はここにある。

ほとんどの戦犯映像は基本的にこの構図を堅持しつつ、その枠組みの中で戦犯が罪に向き合う姿を描いている。『真実の手記』では、後半部で加藤哲太郎の次の言葉がナレーション（モノローグ）で流れる。

戦争は確かに犯罪である。だから自分が戦争であんなことをしたのは、仕方がなかったとしか考えない、あるいは考えようとしない人たちは、また同じ過ちを繰り返しはしないだろうか。戦争という名のもとにそれを言い訳に人を殺し殺されてよいはずはないのだ。

実際に加藤はこうした言葉を巣鴨プリズンから発した文章で残しており、それがドラマに取り入れられた。ただし、ドラマでは加藤は捕虜の殺害に関与していない設定になっていたこともあり、このセリフの重みは視聴者に伝わらなかったようである。プロデューサーの西牟田は、「ドラマはフィクションでありドキュメンタリーとは違う。ドラマは真実を追求するものではない」と述べている。『真実の手記』だけではなく、他の戦犯映像でも日本軍に不都合な事実が脚色されたり、あえて触れないなどのケースはいくつかある。人間の揺れ動く気持ちを描き、視聴者側の共感を呼び起こすという人間ドラマの役割を考えれば、そこで真実の罪を描くことには限界があるのかもしれない。

『しかたなかったと言うてはいかんのです』

「当時の日本の状況を考えれば太平洋戦争に突入したのは仕方がなかった」「未知のウイルスであるコロナウィルスに対して万全な対策を取れなかったのは仕方がなかった」。過去を振り返る時、こうした「仕方なかった、やむを得なかった」との結論に至ることは多い。しかし、「仕方なかった」とすることで、そこで思考がストップしてしまう。この言葉は自己肯定のための免罪符にすぎないのではないか。

こうした思いを反映したドラマが2021年夏、NHKの終戦記念日の特集番組として放送された。九州大学生体解剖事件（※）を基にしたドラマ『しかたなかったと言うてはいかんのです』である。この番組は、これまでの他の戦犯映像に見られた心温まる周辺エピソードを排除し、「仕方なかったで済ませてよいのか」と、自身の罪に真正面から向き合った作品である。

西部帝国大学の助教授鳥居太一は、教授に言われて捕虜を生きたまま解剖する生体解剖に関わってしまった。首謀者の教授が自殺したことで、弁護士は他の関係者を救うために鳥居を首謀者とする法廷闘争を行い、鳥居は死刑判決を受ける。鳥居が生体解剖に反対を唱えていたことを知っていた妻は助命嘆願書を書くように彼に訴えるが、生体解剖を行う教授を止められなかったことに対し、「何もしなかった罪」もあると考えた鳥居は首を縦に振らない。最終的に鳥居は真実を語ることが重要と考え、嘆願書を書くことを決意し減刑される。しかし生涯、「しかたなかったと言うてはいかんのです」との考えを貫いた。

制作統括を務めたNHKの熊野《くまの》律時《のりとき》は「何か間違ったことが起こった時、それにどう向き合っていくのかを、主人公を通してじっくり掘り下げていくドラマにしたいと思いました」[25]と述べている。非人道的な行為を止めなかったこと自体が罪であるという、「何もしなかった罪」は西欧的思想体系ではしばしば持ち出される。一方で、角を立てないために他人の行

九州大学生体解剖事件　第二次世界大戦中の１９４５年に、九州大学医学部において、Ｂ29搭乗員であった米軍捕虜を生きたまま解剖した事件。終戦後、事件を首謀したとされる教授は自殺し、解剖に関わった軍関係者、医師および看護師がＢＣ級戦犯裁判で裁かれた。五名が絞首刑の判決を受けたが、後に減刑されている。なお、解剖されなかったＢ29搭乗員の捕虜は斬首された（西部軍事件）。

いに口を挟まない文化を持つ日本社会では、理解が難しい考えでもある。

視聴者はおおむねこのドラマの主題を正面から捉えたようだ。「こうしたテーマはもっと時間をかけてほしかった」『何もしなかった罪もあるんじゃなかろか』に同感した」との声が複数あった。[26] 他の要素を排したこともあり、主題がわかりやすかったこともあるだろう。また、主人公が命令に逆らえば処刑される立場ではなく、帝大の医師という設定であったことで、他のドラマと異なり、戦争から一歩引いて客観的に考える機会を視聴者に提供することが可能だった。

何より、このドラマでは解剖によって死亡した米国人捕虜の名前を一人一人紹介し、彼らを「捕虜」という無機質な物体から一人の人間に引き戻して描写している点が他のドラマとは異なる。鳥居は妻との面会で、

マック・ブラン、そうたい、名前がある人間やった。なんでこげん簡単なことに気づかんかったんやろ

と話し、嘆願書を書いてくれという妻からの願いを拒否する。殺された人を、名前を持ち

彼らの帰りを待つ家族がいる一人の人間として描くことで、被害者側の視点が取り入れられる。これにより、視聴者にも被害者に対する共感が生まれ、「仕方なかった」で済ましていいのかとの主題を受け止めることにつながった。

現代につながるBC級の罪

プロデューサーの熊野によれば、なかなか通らなかったこのドラマの企画が、一昨年（2020年）一転して通ったという。なぜ急に企画が通ったのかは熊野本人にもわからないが、タイトルを「しかたなかったと言うてはいかんのです」に変えたことが関係しているかもしれないと推察している。[27] もしそうであれば、「しかたなかったと言うてはいかん」という言葉が、なにかしら視聴者をひきつける響きを持っていたことになる。

『しかたなかったと言うてはいかんのです』（NHK）2021年（NHK公式HPより）

さらに言えば、「仕方なかったで済ませて良いのか」という考えに視聴者が向き合い、共感する環境が整いつつあったと考えることもできる。NHKに寄せられた視聴者からの反響にも、自身の置かれている状況に置き換えた意見が多く見られた。例えば、理不尽なことに対して「仕方がない」と言ってしまうことで、それ以上考えるのを止めているようなことが自分にもよくある、心のどこかでよくないことだとわかっていたのに無関心を装い、放置したことを思い起こして「何もしなかった罪」という言葉にドキリとしたという反響が寄せられたという。

一方で、「仕方なかった」で済ませることに対する視聴者の向きあい方は、必ずしもBC級戦犯の罪と結びつけられているとは限らない。現在ようやくBC級戦犯裁判の資料が日本国内でも開示されたとはいえ、まだまだその実態が広く共有されるには至っていない。人々にとってBC級の罪は、遠い昔の終わってしまった出来事であることには変わりない。

繰り返しになるが、ドラマは人間を描き人々に感情移入させることで共感を生み出すものである。制作者は様々な思いを持って映像を制作しており、BC級戦犯を取り上げたからといって必ずしもその罪に言及しなければならないものではない。そもそも、人々の間でBC級戦犯の実態が共有されていない以上、そこで罪を描いたところで視聴者からの共感を得られるとは限らない。

それでも、本書の分析で明らかにしたように、映像にはその時代ごとに人々の間で共有されている意識が反映される。BC級の罪は人としての尊厳を奪う罪でもある。その意味で、

BC級戦犯に対する描写は、日本社会における「ウォー・ギルト」と人権意識の指標なのかもしれない。

1　日本テレビ『真実の手記　BC級戦犯加藤哲太郎　私は貝になりたい』 https://ntv.co.jp/watakai/
2　キャロル・グラック『戦争の記憶：コロンビア大学特別講義―学生との対話―』講談社現代新書、2019年、82-83頁
3　『読売新聞』2015年5月25日
4　巣鴨法務委員会編『戦犯裁判の実相』（復刻版）槇書房、1981年、663-665頁
5　中立悠紀「愛の運動戦犯受刑者助命減刑内還嘆願署名運動―戦犯釈放運動の実態についての一考察」、『同時代史研究』第8号、2015年
「戦犯釈放署名4000万説は本当か―戦犯釈放署名運動の全体像」『日本歴史』868号、2020年
「戦犯釈放運動とメディア―メディアから読み取る戦犯に対する『世論』」『日本史研究』686号、2019年
6　株式会社東京放送『TBS50年史』株式会社東京放送、2002年、125頁
7　『キネマ旬報』1957年4月下旬号、グラビアページにおける説明
8　大蔵貢『わが芸と金と恋（伝記大蔵貢）』大空社、1998年、188頁
9　岡本智周『国民史の変貌：日米歴史教科書とグローバル時代のナショナリズム』日本評論社、2001

年、58-59頁
10 木村幹『歴史認識はどう語られてきたか』千倉書房、２０２０年、１８６頁
11 ジョン・ダワー 三浦陽一訳『敗北を抱きしめて下』岩波書店、２００１年、３６２-３６３頁
12 『読売新聞』２００７年８月21日東京夕刊
13 筆者による製作会社へのインタビューによる（２０２１年３月５日実施）。
14 筆者による西牟田へのインタビューによる（２０２１年３月３日実施）以後西牟田の発言はすべてこのインタビューによるものである。
15 小田桐誠「50年を経て甦る名作ドラマが現代人に訴えるもの『私は貝になりたい』瀬戸口克陽プロデューサーインタビュー」、『調査情報』２００８年１月号、21-22頁
16 『朝日新聞』２００７年８月14日
17 「連載インタビュー 加藤正人の気になる映画人たち（第15回）ゲスト 橋本忍―映画「私は貝になりたい」、リメイクにあたってのシナリオ改訂」『シナリオ』シナリオ作家協会、２００９年、23頁
18 前掲記事小田桐、22頁
19 吉田裕『日本人の戦争観』岩波現代文庫、２００５年、２３３頁
20 直野章子『原爆体験と戦後日本』岩波書店、２０１５年、69頁、１１２-１１３頁
21 筆者による柳川へのインタビューによる（２０２０年１月23日実施）。
22 『ＮＨＫウィークリーステラ』２００８／12／６～12／12、ＮＨＫサービスセンター、「戦争の犯罪と向き合った一人の男とその家族 最後の戦犯」、13頁

23 筆者による鄭へのメールインタビューによる（２０２０年3月30日回答）。
24 前掲『ＮＨＫウィークリーステラ』２００８／12／6～12／12、13頁
25 『ＮＨＫウィークリーステラ』２０２１／7／31～8／13 ＮＨＫサービスセンター、「終戦ドラマ《しかたなかったと言うてはいかんのです》」8頁
26 映画レビューサイトのフィルマークスに書き込まれたレビュー（https://filmarks.com/dramas/10722/14957）
27 筆者による熊野へのインタビューによる（２０２１年9月9日実施）。

あとがき

本書の企画が光文社の担当編集者、高橋恒星氏から持ち込まれたのは2019年の年明けだった。二つ返事で引き受けたのは、虚実入り乱れて語られることの多い「ウォー・ギルト・プログラム」の実像を広く世間に知ってもらいたいとの思いからである。

「ウォー・ギルト・プログラム」はGHQが行った情報発信の一つであり、検閲や東京裁判と一体化したものではない。こうした実像がなかなか理解されない理由の一つに「ウォー・ギルト」という言葉の概念のわかりにくさがある。実際「ウォー・ギルト」は、「戦争犯罪」「戦争責任」「戦争の罪」など様々な訳が用いられている。また、江藤淳が引用した文書がネットなどで拡散した結果、この文書に書かれていることが「ウォー・ギルト・プログラム」のすべてであるかのように捉えられていることも関係しているかもしれない。

そのため、本書では「ウォー・ギルト」とは何かを提示すること、江藤の引用した文書を検証すること、この2点に注力しながら、「ウォー・ギルト・プログラム」の概要をわかりやすく示そうと試みた。

占領開始当初のGHQに、ニューディーラーと呼ばれる改革志向のスタッフが多かったことはよく知られている。彼／彼女らは日本を理想の民主主義国家とすべく、理想に燃えて日本にやってきた。憲法に盛り込まれた結婚の男女平等原則、すなわち「婚姻は、両性の合意のみに基いて成立し、夫婦が同等の権利を有することを基本として、相互の協力により、維持されなければならない」（24条）は、弱冠22歳のベアテ・シロタの強い希望で入れられた。幼少期から思春期にかけて日本で過ごした彼女は、幼い頃から「なぜ日本の女性はこのように虐げられなければならないのか」との思いを持っており、この条文を入れることを強く望んだ。同様にスミスやダイクも「なぜ日本軍は人の命を虫けらのように扱うのか、そしてなぜそれを悪いと思わないのか」との思いがあり、それが「ウォー・ギルト・プログラム」に反映された。

もちろん、「ウォー・ギルト・プログラム」がプロパガンダであったことは否定のしようがないし、連合国側が全く残虐行為を犯さなかったわけでもない。また、日本占領はあくまで米国の国益達成のために行われたものだということも疑いようがない。しかしだからといって、スミスやダイクの思いが否定されるものではない。日本人も、東条の東京裁判での堂々たる態度を賛美しつつ、日本軍の犯した残虐行為や侵略行為を恥じ入った。人間の感情は白黒はっきり線引きできるものではない。時には白と黒が共存することもある。

筆者が、憲法改正や農地改革のような占領史を彩る華々しい政策ではなく、どちらかと言えば傍流の「ウォー・ギルト・プログラム」を研究テーマに選んだのは、こうした揺れ動く複雑な人間感情が垣間見えるところに心惹かれたからかもしれない。

本書は、2018年に上梓した『ウォー・ギルト・プログラム―GHQ情報教育政策の実像』をベースとして、日本側の反応などを加えて再構成し、新たに書き下ろした第4章と第5章を加えたものである。第3章の「3　幻の第三段階」は、「『ウォー・ギルト』とはなにか―江藤淳『ウォー・ギルト』論に対する批判的考察」(『歴史評論』853号、2021年4月)を加筆修正した。また、第5章「映像の中のBC級戦犯」に対しては、「メディア史研究会」「同時代史学会」での発表を通して、多くの貴重な示唆や助言をいただいた。この場を借りてお礼を申し上げたい。

学術書をベースにした本書が、新書として蘇ることができたのは、インタビューに応じてくださった新井俊一郎氏や映像制作者の皆さまのおかげである。新井氏のような戦争から占領をリアルで体験した世代は減少し、また昨今、戦争に関するドラマは制作しづらくなっていると聞く。時代とともに戦争体験の継承が難しくなっていくのはやむを得ないとはいえ、なんとしても継承していかねばとの思いが、本書執筆を通してより強くなった。

大阪経済法科大学アジア太平洋研究センター所長の内海愛子先生、名城大学法学部准教授の矢嶋光先生には、「鈴木九萬日記」をご提供いただいた。鈴木日記のおかげで、占領開始時の日本側の動きをリアルに浮き上がらせることができたのではないかと思う。深く感謝申し上げる。

そして最後に、コロナ禍で慣れないオンライン授業の動画作成に時間を割かれ、脱稿までに予想以上の時間を費やすことになった筆者を見捨てず、最後までお付き合いいただいた光文社の高橋恒星氏にも心よりお礼を申し上げたい。

2022年2月に始まったロシアのウクライナ侵攻は国際社会に衝撃を与えた。報道を通して知る凄惨な状況に改めて思う。戦争は国際秩序を壊すから悪なのではない。戦争は人間の尊厳を奪うから悪なのだ。日本もかつて占領地の住民に対して、連合国の捕虜に対して、そして自国の兵士に対して、その命を粗末に扱い人としての尊厳を奪ってきた。日本人もかつて、無差別爆撃や原爆で人としての尊厳を奪われてきた。だからこそ、戦争は繰り返してはならない。

2022年5月
賀茂　道子

Scalapino, Robert A. *The Japanese Communist Movement, 1920-1966*, Berkeley and Los Angeles, University of California Press, 1967.

Shibusawa, Naoko. *America's Geisha Ally : Reimagining the Japanese Enemy*, Harvard University Press, 2006.

Smith, Bradford. "Japan : Beauty and Beast", Amerasia, April 1942.

——"The Mind of Japan," Amerasia, March 1942.

Takemae, Eiji. *Inside GHQ : The Allied Occupation of Japan and its Legacy*, London, Continuum, 2002.

Thorpe, Elliott R. *East Wind, Rain : The Intimate Account of an Intelligence Officer in the Pacific 1939-49*, Boston, Gambit incorporated, 1969.

Winkler, Allan M. *The Politics of Propaganda : The Office Of War Information 1942-1945*, London, Yale University Press, 1978.

スト　橋本忍─映画『私は貝になりたい』、リメイクにあたってのシナリオ改訂」『シナリオ』シナリオ作家協会、2009年
ロバート・リフトン　グレッグ・ミッチェル『アメリカの中のヒロシマ（上）』岩波書店、1995年

Bruno, Nicholas J. Major Daniel C. Imboden Press Reform in Occupied Japan 1945-1952, (Ph.D. diss., College Park: University of Maryland, 1988)
Boyer, Paul. *By the Bomb's Early Light : American Thought and Culture at the Dawn of the Atomic Bomb,* University North Carolina Press, 1985.
Coughlin, William J. *Conquered Press : The MacArthur Era in Japanese Journalism,* Polo Alto, Pacific Books, 1952.
Gilmore, Allison B. *You Can't Fight Tanks With Bayonets : Psychological Warfare against the Japanese Army in the Southwest Pacific,* Lincoin, Neb, The University of Nebraska Press, 1998.
Hogan, Michael. *HIROSHIMA,* in History and Memory New York, Cambridge University Press, 1996.
Iguchi, Haruo. "Bonner Fellers and U.S-Japan Relations, June1945-June1946." 上智大学『アメリカ・カナダ研究』20, 2003年
Jones, Matthew. *After Hiroshima : The United States, Race and Nuclear Weapons in Asia, 1945-1965,* New York, Cambridge University Press, 2010.
Mayo, Marlene J and Rimer, Thomas J Kerkham, Eleanor H, *War, Occupation, and Creativity : Japan and East Asia 1920-1960,* Honolulu, University of Hawaii Press, 2001.
Porter, Patrick. *Military Orientalism : Eastern War Through Western Eyes,* London, Hurst & Company, 2009.

――『ブラック・プロパガンダ』岩波書店、2002 年
山本武利編訳 高杉忠明訳『延安リポート：アメリカ戦時情報局の対日軍事工作』岩波書店、2006 年
油井大三郎『日米戦争観の相剋』岩波書店、1995 年
横浜国際関係史研究会横浜開港資料館編『昭和の日本とアメリカ：GHQ 情報課長ドン・ブラウンとその時代』日本経済評論社、2009 年
横浜市、横浜の空襲を記録する会編『横浜の空襲と戦災』1975–1977 年
吉田健正「太平洋版星条旗：解説」『The stars and stripes : U. S. Armed forces Daily : in the Pacific Ocean areas』文生書院、2008 年
吉田裕『日本人の戦争観』岩波現代文庫、2005 年
吉見義明『草の根のファシズム：日本民衆の戦争体験』東京大学出版会、1987 年
――『焼跡からのデモクラシー：草の根の占領期体験（上・下）』岩波書店、2014 年
吉村昭『遠い日の戦争』新潮文庫、1984 年
米倉律『「八月ジャーナリズム」と戦後日本：戦争の記憶はどう作られてきたのか』花伝社、2021 年
理論編集部編『壁あつき部屋：巣鴨 BC 級戦犯の人生記』日本図書センター、1992 年
ルース・ベネディクト 越智敏之 越智道雄訳『菊と刀：日本文化の型』平凡社、2013 年
ルース・ベネディクト 福井七子訳『日本人の行動パターン』日本放送出版協会、1997 年
レイ・ムーア編『天皇がバイブルを読んだ日』講談社、1982 年
連合国民間情報教育局編『真相はかうだ 第 1 弾』聯合プレス社、1946 年
「連載インタビュー 加藤正人の気になる映画人たち（第 15 回）ゲ

――『占領下の言論弾圧』現代ジャーナリズム出版会、1974年
松田武『戦後日本におけるアメリカのソフト・パワー：半永久的依存の起源』岩波書店、2008年
松田浩『ドキュメント放送戦後史Ⅰ―知られざるその軌跡』双柿舎、1980年
丸山真男『戦中と戦後の間』みすず書房、1976年
三井愛子「新聞連載『太平洋戦争史』の比較調査（後編）」『評論・社会科学』101号、2012年
武藤章『比島から巣鴨へ』中公文庫、2008年
モニカ・ブラウ　繁沢敦子訳『検閲　原爆報道はどう禁じられたのか』時事通信出版局、2011年
森恭三『私の朝日新聞社史』田畑書店、1981年
森正蔵『あるジャーナリストの敗戦日記 1945～1946』ゆまに書房、2005年
――『解禁　昭和裏面史：旋風二十年』ちくま学芸文庫、2009年
森田英之『対日占領政策の形成：アメリカ国務省 1940-1944』葦書房、1982年
矢嶋光「鈴木九萬日記（1）1948年1月1日～1950年4月30日」『名城法学』70（2）、2020年
安田武 福島鑄郎編『証言昭和二十年八月十五日―敗戦下の日本人』新人物往来社、1973年
山極晃 中村政則編集『資料日本占領1　天皇制』大月書店、1990年
山田風太郎『戦中派不戦日記』講談社文庫、2002年
――『戦中派闇市日記』小学館、2003年
――『戦中派焼け跡日記』小学館文庫、2011年
山辺健太郎『社会主義運動半世紀』岩波書店、1976年
山本武利『GHQの検閲・諜報・宣伝工作』岩波現代全書、2013年
――『日本兵捕虜は何をしゃべったか』文春新書、2001年
――『占領期メディア分析』法政大学出版局、1996年

日暮吉延『東京裁判』講談社現代新書、2008年
ヒュー・ボートン 五味俊樹訳『戦後日本の設計者：ボートン回想録』朝日新聞社、1998年
ヒュー・ボートン『連合国占領下の日本』憲法調査会事務局編：憲資・総第29号、1958年
平野共余子『天皇と接吻』草思社、1998年
福永文夫『日本占領史　1945-1952』中公新書、2014年
福間良明『戦後日本、記憶の力学：「継承という断絶」と無難さの政治学』作品社、2020年
――『「反戦」のメディア史：戦後日本における世論と輿論の拮抗』世界思想社、2006年
冨士信夫『私の見た東京裁判』上・下巻、講談社学術文庫、1988年
藤田信勝『敗戦以後』リーダーズノート新書、2011年
藤田久一『戦争犯罪とは何か』岩波新書、1995年
藤波健彰『ニュースカメラマン』中央公論社、1977年
フランク・リール 下島連訳『山下裁判』上・下巻、日本教分社、1952年
米国国務省編『平和と戦争』協同出版社、1946年
細川隆元『昭和人物史　政治と人脈』文藝春秋新社、1956年
細谷千博『サンフランシスコ講和への道』中央公論社、1984年
細谷雄一『歴史認識とは何か：日露戦争からアジア太平洋戦争まで』新潮社、2015年
堀場清子『禁じられた原爆体験』岩波書店、1995年
マイケル・シャラー　豊島哲訳『マッカーサーの時代』恒文社、1996年
マーク・ゲイン　井本威夫訳『ニッポン日記』筑摩書房、1963年
マーク・T・オア 土屋ゲーリー法一訳『占領下日本の教育改革政策』玉川大学出版部、1993年
松浦総三『戦中・占領下のマスコミ』大月書店、1984年

放運動の実態についての一考察」『同時代史研究』第8号、2015年
――「戦犯釈放署名4000万説は本当か―戦犯釈放署名運動の全体像」『日本歴史』868号、2020年
――「戦犯釈放運動とメディア―メディアから読み取る戦犯に対する『世論』」『日本史研究』686号、2019年
中屋健壱『太平洋戦争史』高山書院、1946年
直野章子『原爆体験と戦後日本：記憶の形成と継承』岩波書店、2015年
楢橋渡『激流に棹さして』翼書院、1968年
成田龍一『「戦後」はいかに語られるか』河出書房新社、2016年
成田龍一他『感情・記憶・戦争 1935-1955』岩波書店、2002年
西木正明『凍れる瞳』文藝春秋、1988年
西義之『新・「菊と刀」の読み方』PHP研究所、1983年
日本放送協会編『放送五十年史』日本放送出版協会、1977年
日本放送協会編『新しい道』メトロ出版社、1950年
――『続・放送夜話―座談会による放送史』日本放送出版協会、1970年
橋本伸也『記憶の政治：ヨーロッパの歴史認識紛争』岩波書店、2016年
浜井信三『原爆市長：ヒロシマとともに二十年』朝日新聞社、1967年
浜野保樹『偽りの民主主義：GHQ・映画・歌舞伎の戦後秘史』角川書店、2008年
林博史『裁かれた戦争犯罪：イギリスの対日戦犯裁判』岩波書店、1998年
――『BC級戦犯裁判』岩波新書、2005年
半藤一利他『「東京裁判」を読む』日本経済新聞出版社、2009年
半藤一利他『「BC級戦犯」を読む』日経ビジネス人文庫、2015年
東久邇稔彦『一皇族の戦争日記』日本週報社、1957年
東久邇宮稔彦『私の記録』東方書房刊、1947年

ダグラス・マッカーサー　津島一夫訳『マッカーサー回想記』上・下巻、朝日新聞社、1964年
高見順『敗戦日記』中公文庫、2005年
竹前栄治『GHQ』岩波新書、1983年
竹前栄治『日本占領　GHQ高官の証言』中央公論社、1988年
竹山昭子『ラジオの時代』世界思想社、2002年
多湖淳『戦争とは何か』中公新書、2020年
谷川建司『アメリカ映画と占領政策』京都大学学術出版会、2002年
谷本清『広島原爆とアメリカ人』日本放送出版協会、1976年
チャールズ・ウィロビー『知られざる日本占領：ウィロビー回顧録』番町書房、1973年
塚本三夫『実録：侵略戦争と新聞』新日本出版社、1986年
土屋由香『親米日本の構築：アメリカの対日情報・教育政策と日本占領』明石書店、2009年
土屋礼子『対日宣伝ビラが語る太平洋戦争』吉川弘文館、2011年
デヴィッド・コンデ「日本映画の占領史」岩波書店『世界』1965年8月号
東京裁判研究会『東条英機宣誓供述書　天皇に責任なし責任は我に在り』洋洋社、1948年
同時代史学会編『占領とデモクラシーの同時代史』日本経済評論社、2004年
徳富蘇峰『終戦後日記―「頑蘇夢物語」』講談社、2006年
――『終戦後日記Ⅱ―「頑蘇夢物語」続篇』講談社、2006年
戸谷由麻『東京裁判　第二次大戦後の法と正義の追求』みすず書房、2008年
豊下楢彦『日本占領管理体制の成立』岩波書店、1992年
内政史研究会『鈴木九萬氏談話速記録』1974年
永井隆『長崎の鐘』日比谷出版社、1949年
中立悠紀「愛の運動戦犯受刑者助命減刑内還嘆願署名運動―戦犯釈

書、2005年
佐藤忠男『草の根の軍国主義』平凡社、2007年
佐藤元葵 黒沢文貴編『GHQ歴史課陳述録：終戦史資料』原書房、2002年
笹本征男『米軍占領下の原爆調査：原爆加害国になった日本』新幹社、1995年
時事通信社編『ニュルンベルグ裁判記録』時事通信社、1947年
思想の科学研究会編『共同研究日本占領』徳間書店、1972年
――『日本占領研究事典』現代史出版会、1978年
重光葵『昭和の動乱』上・下巻、中央公論社、1952年
――『続重光葵手記』中央公論社、1988年
清水晶『戦争と映画：戦時中と占領下の日本映画史』社会思想社、1994年
ジム・バゴット 青柳伸子訳『原子爆弾：1938～1950年』作品社、2015年
ジェフリー・ゴーラ 福井七子訳『日本人の性格構造とプロパガンダ』ミネルヴァ書房、2011年
週刊新潮編集部『マッカーサーの日本』新潮社、1970年
ジョン・ダワー 三浦陽一他訳『敗北を抱きしめて』上・下巻、岩波書店、2001年
―― 外岡秀樹訳『忘却のしかた、記憶のしかた』岩波書店、2013年
――『容赦なき戦争』平凡社、2001年
巣鴨遺書編纂会編『世紀の遺書』（復刻版）講談社、1984年
巣鴨法務委員会編『戦犯裁判の実相』（復刻版）槇書房、1981年
セオドア・コーエン 大前正臣訳『日本占領革命：GHQからの証言』上下巻、TBSブリタニカ、1983年
袖井林二郎『占領した者された者』サイマル出版会、1986年
高桑幸吉『マッカーサーの新聞検閲』読売新聞社、1984年
高橋彦博『民衆の側の戦争責任』青木書店、1989年

賀茂道子『ウォー・ギルト・プログラム：GHQ 情報教育政策の実像』法政大学出版局、2018 年
川口悠子「谷本清とヒロシマ・ピース・センター」『同時代史研究』3 号、2010 年
川島高峰監修『占領軍治安・諜報月報』現代史料出版、2005 年
川島高峰『敗戦—占領軍への 50 万通の手紙』読売新聞社、1998 年
北村洋『敗戦とハリウッド』名古屋大学出版会、2014 年
木戸日記研究会『木戸幸一日記：東京裁判期』東京大学出版会、1980 年
木村幹『歴史認識はどう語られてきたか』千倉書房、2020 年
キャロル・グラック『戦争の記憶：コロンビア大学特別講義—学生との対話—』講談社現代新書、2019 年
草柳大蔵『内務省対占領軍』朝日文庫、1987 年
熊野以素『九州大学生体解剖事件：七〇年目の真実』岩波書店、2015 年
ケネス・カンボン　森正昭訳『ゲストオブヒロヒト：新潟俘虜収容所 1941—1945』築地書館、1995 年
小林弘忠『逃亡：「油山事件」戦犯告白録』中公文庫、2010 年
小松隆二『戦争は犯罪である：加藤哲太郎の生涯と思想』春秋社、2018 年
坂本義和　R・E・ウォード編『日本占領の研究』東京大学出版会、1987 年
桜井均『テレビは戦争をどう描いてきたか：映像と記憶のアーカイブス』岩波書店、2005 年
櫻井よしこ『GHQ 作成の情報操作書「眞相箱」の呪縛を解く』小学館文庫、2002 年
迫水久常『終戦の真相』金文堂、1946 年（国会図書館デジタル資料）
笹本妙子『連合軍捕虜の墓碑銘』草の根出版会、2004 年
佐藤卓己『八月十五日の神話—終戦記念日のメディア学』ちくま新

大蔵貢『わが芸と金と恋（伝記大蔵貢）』大空社、1998年
大沼保昭『東京裁判から戦後責任の思想へ』東信堂、1997年
――『戦争責任論序説：「平和に対する罪」の形成過程におけるイデオロギー性と拘束性』東京大学出版会、1975年
岡﨑匡史『日本占領と宗教改革』学術出版会、2012年
岡原都『アメリカ占領期の民主化政策』明石書店、2007年
――『戦後日本のメディアと社会教育：「婦人の時間」の放送から「NHK婦人学級」の集団学習まで』福村出版、2009年
小笠原清 梶山弘子編著『映画監督小林正樹』岩波書店、2016年
岡本智周『国民史の変貌―日米歴史教科書とグローバル時代のナショナリズム』日本評論社、2001年
奥田博子『原爆の記憶：ヒロシマ/ナガサキの思想』慶應義塾大学出版会、2010年
小熊英二『〈民主〉と〈愛国〉―戦後日本のナショナリズムと公共性』新曜社、2002年
大佛次郎『大佛次郎　敗戦日記』草思社、1995年
オーテス・ケーリ『真珠湾収容所の捕虜たち：情報将校の見た日本軍と敗戦日本』ちくま学芸文庫、2013年
小田桐誠「50年を経て甦る名作ドラマが現代人に訴えるもの『私は貝になりたい』瀬戸口克陽プロデューサーインタビュー」、『調査情報』2008年1月号
小野秀雄『新聞の歴史』東京堂、1951年
春日太一『日本の戦争映画』文春新書、2020年
春日由三『体験的放送論』日本放送出版協会、1967年
春日由三他『放送史への証言（Ⅱ）』日本放送教育協会、1995年
加藤哲太郎『私は貝になりたい：あるBC級戦犯の叫び』春秋社、1994年
加藤典洋『敗戦後論』講談社、1997年
株式会社東京放送『TBS50年史』株式会社東京放送、2002年
上坂冬子『巣鴨プリズン13号鉄扉』新潮文庫、1984年

一ノ瀬俊也『戦場に舞ったビラ：伝単で読み直す太平洋戦争』講談社、2007 年
――『宣伝謀略ビラで読む、日中・太平洋戦争：空を舞う紙の爆弾「伝単」図録』柏書房、2008 年
伊藤隆編『続・巣鴨日記：笹川良一と東京裁判 1』中央公論新社、2007 年
井上清『くにのあゆみ批判：正しい日本歴史』解放社、1947 年
井上太郎『旧制高校生の東京敗戦日記』平凡社新書、2000 年
今西光男『占領期の朝日新聞と戦争責任：村山長挙と緒方竹虎』朝日新聞社、2008 年
岩崎昶『占領されたスクリーン：わが戦後史』新日本出版社、1975 年
――『日本映画私史』朝日新聞社、1977 年
――『映画が若かったとき：明治・大正・昭和三代の記憶』平凡社、1980 年
岩垂弘 中島竜美編『日本原爆論大系』日本図書センター、1999 年
ウィリアム・シーボルト 野末賢三訳『日本占領外交の回想』朝日新聞社、1966 年
牛村圭『再考「世紀の遺書」と東京裁判：対日戦犯裁判の精神史』PHP、2004 年
内海愛子『スガモプリズン：戦犯たちの平和運動』吉川弘文館、2004 年
梅野正信『社会科歴史教科書成立史』日本図書センター、2004 年
江藤淳『閉された言語空間』文春文庫、1994 年
江藤淳編『降伏文書調印経緯』講談社、1998 年
NHK 放送文化研究所監修『放送の 20 世紀：ラジオからテレビ、そして多メディアへ』NHK 出版、2002 年
NHK 放送文化調査研究所放送情報調査部『GHQ 文書による占領期放送史年表』1987 年
大岡昇平『ながい旅』角川文庫、2007 年

送博物館

引用資料および主要参考文献

朝日新聞社編『声1　1945（昭和20年）—1947（昭和22年）』朝日文庫、1984年
——『庶民たちの終戦：「声」が語り継ぐ昭和』朝日新聞社、2005年
新井俊一郎『軍国少年シュンちゃんのヒロシマ日記』2009年(非売品)
——『激動の昭和史を生きて：戦争の時代を乗り越え半世紀』2009年（非売品）
新井直之『新聞戦後史：ジャーナリズムのつくりかえ』栗田出版会、1972年
歴史学研究会編『敗戦と占領』青木書店、1990年
荒敬『日本占領史研究序説』柏書房、1994年
荒木義修『占領期における共産主義運動』芦書房、1994年
有末精三『有末機関長の手記：終戦秘史』芙蓉書房、1976年
有光次郎『有光次郎日記』第一法規出版、1989年
有山輝雄『戦後史のなかの憲法とジャーナリズム』柏書房、1998年
——『占領期メディア史研究』柏書房、1996年
粟屋憲太郎編『資料日本現代史2　敗戦直後の政治と社会①』大月書店、1980年
粟屋憲太郎『東京裁判への道』上・下巻、講談社、2006年
五百旗頭真『米国の日本占領政策』上・下巻、中央公論社、1985年
五十嵐武士 北岡伸一編『〔争論〕日本東京裁判とは何だったのか』築地書館、1997年
石田雄『記憶と忘却の政治学：同化政策・戦争責任・集合的記憶』明石書店、2000年

主要資料

1次史料

GHQ/SCAP資料（米国立公文書館所蔵）国立国会図書館憲政資料室　マイクロフィッシュ RG331
ゴードン・W・プランゲ文庫（メリーランド大学所蔵）国立国会図書館憲政資料室　マイクロフィッシュ
ボナー・フェラーズ文書（マッカーサー記念館所蔵）国立国会図書館憲政資料室　マイクロフィルム MMA-23
極東小委員会文書（米国立公文書館所蔵）国立国会図書館憲政資料室　マイクロフィルム SFE-1
極東小委員会会議議事録（米国立公文書館所蔵）国立国会図書館憲政資料室　マイクロフィルム SFE-2
戦後計画委員会国務省文書（米国立公文書館所蔵）国立国会図書館憲政資料室　マイクロフィルム PWC-1
米太平洋陸軍総司令部文書（マッカーサー記念館所蔵）国立国会図書館憲政資料室　マイクロフィルム MMA-17
ヘンリー・スティムソン日記（イェール大学所蔵）国立国会図書館憲政資料室　マイクロフィルム DHS-1
MAGIC関連史料　米国立公文書館 RG441
OWI関連史料　米国立公文書館 RG208, RG59, RG43
Foreign Relations of the United States : diplomatic papers, Japan.
外務省外交記録　外務省外交史料館　マイクロフィッシュ
内務省史料　国立国会図書館憲政資料室　マイクロフィッシュ
終戦連絡事務局関連資料　国立国会図書館憲政資料室
『真相箱』第21回〜第32回台本（1946年6月〜8月）NHK放送博物館
『教養特集　日本回顧録「東京裁判」』台本（1963年5月）NHK放

賀茂道子（かもみちこ）

名古屋大学大学院環境学研究科・特任准教授。名古屋大学大学院環境学研究科博士後期課程修了。博士（法学）。専門は日本政治外交史、占領史研究。著書に『ウォー・ギルト・プログラム―GHQ情報教育政策の実像』（法政大学出版局）。主な論文に「戦後史の中の『押しつけ憲法論』」（『対抗言論』1号，2019年）「占領初期における新聞懇談会の意義」（『人間環境学研究』15巻2号，2017年）「ウォー・ギルト・プログラムの本質と政治性」（『同時代史研究』第8号，2015年）など。

GHQは日本人《にほんじん》の戦争観《せんそうかん》を変《か》えたか

「ウォー・ギルト」をめぐる攻防《こうぼう》

2022年6月30日初版1刷発行

著　者 ── 賀茂道子
発行者 ── 三宅貴久
装　幀 ── アラン・チャン
印刷所 ── 萩原印刷
製本所 ── 国宝社
発行所 ── 株式会社光文社
東京都文京区音羽1-16-6（〒112-8011）
https://www.kobunsha.com/
電　話 ── 編集部03（5395）8289　書籍販売部03（5395）8116
業務部03（5395）8125
メール ── sinsyo@kobunsha.com

 ISBN 978-4-334-04613-2

1173

JJとその時代
女のコは雑誌に何を夢見たのか

鈴木涼美

JJに象徴される雑誌は、なぜ多くの女性の心をとらえたのか。単なるファッション情報だけではない、女性が託したもの、夢見たものとは何か。雑誌の時代への限りない愛着をこめた挽歌。

978-4-334-04583-8

1174

〈問い〉から始めるアート思考

吉井仁実

「問い」は「答え」より大きな力を持つ。生きることは「問い」の模索である――。「目に見えないものを見る」には？ アートディレクターと考える、アイデア＆イノベーションの育み方。

978-4-334-04581-4

1175

オリックスはなぜ優勝できたのか
苦闘と変革の25年

喜瀬雅則

下馬評を大きく覆し、2年連続最下位からのペナント制覇は、いかに成し遂げられたのか？ 逆に、なぜかくも長き暗黒時代が続いたのか？ 元番記者が豊富な取材で綴る。

978-4-334-04582-1

1176

ヘーゲル哲学に学ぶ考え抜く力

川瀬和也

哲学の基本スキルである「考え抜く力」は、同時に人生一〇〇年時代の「社会人基礎力」でもある。十九世紀ドイツのヘーゲル哲学が、二十一世紀のビジネスに〝効く〟理由とは？

978-4-334-04585-2

1177

田舎はいやらしい
地域活性化は本当に必要か？

花房尚作

「地域活性化は正しい」――これは都会に住む者の勝手な思い込みでは？ 過疎地域在住12年の著者が、現地での調査やインタビューをもとに過疎地域の〝本音と建前〟を鋭く描き出す。

978-4-334-04588-3

光文社新書

1178

ルポ 座間9人殺害事件
被害者はなぜ引き寄せられたのか

渋井哲也

判決から1年――。わずか2カ月で9人が犠牲になった「座間9人殺害事件」はなぜ起きたのか。若者の生きづらさを長年取材してきた著者が、被害者の心情にも迫りながら再検証する。

978-4-334-04586-9

1179

メタバースとは何か
ネット上の「もう一つの世界」

岡嶋裕史

フェイスブックはなぜ「メタ（Ｍｅｔａ）」に社名変更したのか？　ＩＴのわかりやすい解説に定評のある著者が、話題の「メタバース」の基礎から未来の可能性までを語る。

978-4-334-04584-5

1180

「非会社員」の知られざる稼ぎ方

村田らむ

これまでにないジャンルに根を張って、長年自営で生活している人がいる。自分で敷いたレールの上にあるマネタイズ方法を、特殊分野で自営を続けるライター・村田らむが紡ぐ。

978-4-334-04587-6

1181

「廃炉」という幻想
福島第一原発、本当の物語

吉野実

増え続ける処理水、不可能に近いデブリ取り出し、行く先のない事故炉の廃棄物…なぜ国や東電は廃炉「できる」との幻想を広め続けるのか。長年の取材から「誰も触れない真実」に迫る。

978-4-334-04589-0

1182

サッカー店長の戦術入門
「ポジショナル」VS.「ストーミング」の未来

龍岡歩

ペップ、クロップ、ナーゲルスマン……。日々進化を続ける現代サッカーの行きつく先を、名将たちの知恵比べから読みとく。サッカー未経験、異色の戦術分析官による初の著書。

978-4-334-04590-6

1183

感染症としての文学と哲学

福嶋亮大

文学者や哲学者がいかに感染症＝病のイメージを自らの思考に取り入れてきたか。病とは人にとって何なのか。病気とともに生きてきた人間の一側面を鮮やかに切り取る病の文化史。

978-4-334-04591-3

1184

学校では学力が伸びない本当の理由

林純次

教育界のブラック化、教員の低レベル化、毒親の変異化、児童・生徒の二極化、カリキュラムのカオス化――8万部『残念な教員』著者による危機の教育論。より良い教育の実現のために。

978-4-334-04592-0

1185

歴史検証　なぜ日本の野党はダメなのか？

「自民党一強」を支える構造

倉山満

自民党の〝政権独占〟は「無能な野党」に支えられている――。民主政治の本来の姿とは何か。私たち有権者ができることは何か。政治を諦めないために憲政史家が歴史を遡って検証する。

978-4-334-04593-7

1186

鎌倉幕府と室町幕府

最新研究でわかった実像

山田徹　谷口雄太
木下竜馬　川口成人

従来の中世史の常識を覆す研究が次々と発表される昨今、新進気鋭の研究者四名が、最新の学説をまとめて二つの幕府の実像を明らかにする。すべての歴史愛好家注目の一冊。

978-4-334-04594-4

1187

中国が世界を牛耳る100の分野

日本はどう対応すべきか

高橋五郎

深まる米中対立。しかし、「一帯一路」をはじめ中国の現状を見れば、どちらが勝者かは一目瞭然だ。なぜここまで国力を伸ばせたのか。その源泉を中国研究40年の著者が明らかにする。

978-4-334-04595-1

1188

弱くても稼げます
シン・サッカークラブ経営論

小山淳　入山章栄
松田修一　阿久津聡

真に地域に密着し、安定と成長を実現する方程式はあるのか。サッカークラブを起ち上げ5年でJリーグ入りさせた起業家が、第一線の経営学者たちと語るスポーツ産業の未来地図。

978-4-334-04596-8

1189

「現代写真」の系譜
写真家たちの肉声から辿る

圓井義典

私たちはさまざまなジャンルの写真に囲まれて暮らしている。本書では「現代写真」に着目し、日本を代表する写真家たちが何を模索し、何を語ってきたのかを辿ることで流れを一望する。

978-4-334-04597-5

1190

ネットで故人の声を聴け
死にゆく人々の本音

古田雄介

故人が生前残したブログやHP、SNSからは死に際しての隠せぬ本音が見え隠れする。故人がインターネットに残した足跡とどう向き合うべきか？　15の事例から迫っていく。

978-4-334-04598-2

1191

女性自衛官
キャリア、自分らしさと任務遂行

上野友子
武石恵美子

「命を懸けてでもこの国を守る」と誓う傍ら、母親として家族も守る自衛官たちが見出した、究極のワークライフバランスとは？　女性自衛官の生の声にみる新・女性キャリア論。

978-4-334-04599-9

1192

映画を早送りで観る人たち
ファスト映画・ネタバレ――コンテンツ消費の現在形

稲田豊史

映画を早送りする視聴スタイルの背景には、現在の巨大な消費社会の存在があった。人々がそうせざるを得ない切実さに向き合い、コンテンツ受容の変化を徹底的に取材した意欲作。

978-4-334-04600-2

1193
写真はわからない
撮る・読む・伝える――「体験的」写真論
小林紀晴

「撮る者」は日々どんなことを考え、どう行動して写真を生み出しているのか。「誰もが撮影者」である時代に考えたい「いい写真」とは？ 初心者からプロまでに贈る、著者初の写真論！

978-4-334-04601-9

1194
物理学の野望
「万物の理論」を探し求めて
冨島佑允

物理学は何を積み重ねてきたのか。その目的は何か。難しい公式や計算は一旦隅に置いといて、まずはその歴史を知ろう。読めば途端に物理学が面白くなる、2500年の物理学史！

978-4-334-04602-6

1195
沖縄50年の憂鬱
新検証・対米返還交渉
河原仁志

二〇二二年五月は沖縄が日本に返還されて五十年。当時の交渉は、日本にとって帳尻の合うものだったのか――。ジャーナリストが新史料を交えて考察する、「いびつな日本」の原点。

978-4-334-04603-3

1196
一軍監督の仕事
育った彼らを勝たせたい
高津臣吾

勝ち続けるための「スワローズ・ウェイ」、「育てながら勝つ」チームマネジメント、「絶対大丈夫」に代表される言葉力――2年連続最下位からのペナント制覇と日本一達成の裏側を記す。

978-4-334-04604-0

1197
日本の生命科学はなぜ周回遅れとなったのか
国際的筋肉学者の回想と遺言
杉晴夫

他人の成功を妬む国民性、教授の利己性と後継者の矮小化、教授の言いなりの政府の見識欠如、記者や編集者の著しい劣化…筋収縮研究の最前線での60年の経験から綴る課題と提言。

978-4-334-04605-7

1198
幻想の都　鎌倉
都市としての歴史をたどる
高橋慎一朗
「古都鎌倉」は、奈良・京都とも違い、日本人の記憶と想像によってつくられた都市だった。源氏以前の時代から現代までの通史をたどることで浮かび上がる鎌倉の実像と魅力。
978-4-334-04607-1

1199
イスラムがヨーロッパ世界を創造した
歴史に探る「共存の道」
宮田律
ヨーロッパの中世から近代にかけての発展は、イスラム文明抜きに語ることはできない――。私たちが現代社会を正しく理解するために必要な「視座」とは？「意外な史実」を学び、知る。
978-4-334-04608-8

1200
孤独なバッタが群れるとき
『バッタを倒しにアフリカへ』エピソード1
前野 ウルド 浩太郎
21万部突破の『バッタを倒しにアフリカへ』の前日譚である名著が新書で登場！ バッタに関する研究成果とともに、若き研究者の苦悩と挫折、成長がユーモア溢れる文体で綴られる。
978-4-334-04609-5

1201
依存症と回復、そして資本主義
暴走する社会で〈希望のステップ〉を踏み続ける
中村英代
「意志の弱さによる病」ととらえられがちな依存症を、現代資本主義社会の必然であると著者は説く。当事者コミュニティにおける回復実践をみながら、人類の新たな共生のあり方を示す。
978-4-334-04610-1

1202
なぜ日本からGAFAは生まれないのか
山根節　牟田陽子
日本経済が停滞する一方で、絶対的な力をつけたGAFA。その時価総額は日本の上場企業全社の合計を超える。なぜここまで差がついたのか。その理由をGAFAの歩みに探る!!
978-4-334-04611-8

1203
金融ＤＸ、銀行は生き残れるのか
遠藤正之

いま銀行ＩＴで何が起きているのか。銀行は、この社会に、この時代に本当に必要なのか。メガバンクで三十二年半勤務した著者が現状を分析し、日本の金融サービスの未来を考える。

978-4-334-04612-5

1204
ＧＨＱは日本人の戦争観を変えたか
「ウォー・ギルト」をめぐる攻防
賀茂道子

ＧＨＱ民間情報教育局（ＣＩＥ）の政策やそれに対する日本側の抵抗・協力の動きを検証し、占領期以降の日本人は「戦争の罪」をどのように理解していったのか、日米の心理を明らかにする。

978-4-334-04613-2

1205
緑内障の真実
最高の眼科医が「謎と最新治療」に迫る
深作秀春

失明原因第一位の緑内障。眼圧だけでなく視神経への血流不足や圧迫等も原因とされる。世界最高レベルの眼科外科医が、正しい知識とあきらめないための最新の治療法を丁寧に解説。

978-4-334-04614-9

1206
無国籍と複数国籍
あなたは「ナニジン」ですか？
陳天璽

自ら「無国籍者」として人生の大半を過ごしてきた著者が当事者に焦点をあて、国・国籍・国境を問い直す。トランスナショナルな時代に考えたい「人類社会がこれから向かうべき道」。

978-4-334-04615-6

1207
データ管理は私たちを幸福にするか？
自己追跡《セルフトラッキング》の倫理学
堀内進之介

スマホなどを通じた利己的な自己管理はどのように利他や社会へと接続可能か。リスクを検討しつつも「人文的な」批判に終始せず、慎重で開放的なスタンスから改革を提言する。

978-4-334-04579-1